VIVA SIMPLES

Odir Cunha

VIVA SIMPLES

Editora Novo Conceito

1ª impressão – outubro de 2008

EDITORES: Bete Abreu e Pedro Almeida
ASSISTENTES EDITORIAIS: Marília Mendes e Sonnini Ruiz
COORDENADORA DE MARKETING: Priscila Brauner
PRODUTOR GRÁFICO: Samuel Leal
PREPARAÇÃO DE TEXTO: Camila Sanches
REVISÃO DE TEXTO: Carolina Waideman e Fábio Cardoso
DIAGRAMAÇÃO, EDITORAÇÃO E CAPA: Gera Comunicação
IMAGENS DA CAPA: Adrian van Leen (Austrália) e
Rawku5 (Alemanha)
SXC – Stock.Xchng – www.sxc.hu

Este livro segue o Novo Acordo Ortográfico da Língua Portuguesa.

Dados Internacionais de Catalogação na Publicação (CIP)
(Câmara Brasileira do Livro, SP, Brasil)

Cunha, Odir
Viva Simples / de Odir Cunha. -- São Paulo : Novo Conceito Editora, 2008.

ISBN 978-85-99560-57-0

1. Qualidade de vida 2. Estilo de vida 3. Simplicidade I. Título.

08-10100 CDD-158

Índices para catálogo sistemático:
1. Simplicidade : Psicologia 158

Editora Novo Conceito

Rua Sansão Alves dos Santos, 102 | 2º andar | Cj. 21
Brooklin Novo | CEP 04571-090 | São Paulo – SP
Telefones: [11] 5102.4770 | 5102.4834
www.editoranovoconceito.com.br

AGRADECIMENTOS

Agradeço à minha mãe, dona Olímpia, por me dar a melhor e mais longa aula de vida simples que eu tive.

Agradeço à minha mulher, Suzana, por tentar direcionar meus textos para o caminho certo.

E agradeço à meus filhos, Thiago e Luana, por me obrigarem a aprimorar constantemente meus argumentos.

Odir Cunha

SUMÁRIO

OS MOTIVOS DE UMA VIDA SIMPLES

Quando escrevi *Dinheiro, é Possível Ser Feliz Sem Ele*, publicado em 2001, confesso que não conhecia as teorias ligadas à "simplicidade voluntária" ou à sustentabilidade do planeta. Hoje, ao relê-lo, constato que eu já falava praticamente a mesma linguagem e chegava às mesmas conclusões que levam à vida simples, mas na época não demonstrava preocupação tão grande com o meio ambiente. Naquele livro, o meu maior objetivo era elevar o amor-próprio de pessoas que estivessem se sentindo desmotivadas, inferiorizadas, devido à sua situação financeira.

Uma sucessão de infortúnios profissionais e pessoais havia me levado repentinamente a perder os negócios e a romper o casamento. Vi-me só, endividado, obrigado a adotar um estilo de vida espartano e a começar tudo de novo aos 45 anos. Porém, o que parecia ser um pesadelo revelou-se um sonho. O diabo, ou melhor, a pobreza, não era um bicho tão feio como parecia. Ao contrário. Obrigado pelas circunstâncias, descobri e desenvolvi minhas riquezas interiores, e isso fez que eu sentisse um poder que há muito me abandonara.

O simples fato de conseguir preparar minha comida me dava um grande prazer — maior até do que aprender a reorganizar minhas finanças ou seguir uma rotina saudável de exercícios físicos e alimentos funcionais. Outra sensação gostosa foi perceber que os amigos verdadeiros sobrevivem às hecatombes.

A dificuldade financeira, em vez de me inibir, tirou-me da inércia, motivou-me a perseguir sonhos já quase abandonados. Percebi que o que nos tolhe não é a falta de dinheiro, mas a ausência de ideais. Desde que você saiba exatamente o que quer e trabalhe para isso, as chances de seus planos darem errado são mínimas.

Ao meu redor, porém, via muita gente acabrunhada pelas limitações materiais. Pessoas que haviam se tornado chorosas, pessimistas, críticas de tudo e de todos. Haviam decidido que não eram valorizadas, que não tinham oportunidades porque o mundo é que estava errado. Na verdade, tentavam esconder um gigantesco complexo de inferioridade, pois acreditavam nos valores da sociedade de consumo, mas se sentiam rejeitadas por ela.

É evidente que se você acha que só o dinheiro vai lhe fazer feliz, mas nunca o consegue na quantidade que pretende, corre o risco de se sentir infeliz a vida inteira — o que, além de muito triste para você, não é nada inteligente. Como disse o filósofo romano Epicteto, há quase dois mil anos, os fatos são o que são, o que faz com que sejam bons ou ruins é a maneira como os olhamos.

No meu caso, pelas experiências que tive na vida, pela base ética que herdei de meus pais e pelo conhecimento que busquei e buscarei eternamente, as dificuldades nunca se assemelharam a muralhas intransponíveis, mas sim a travessias que exigiam coragem e, principalmente, astúcia, disciplina e trabalho para ser ultrapassadas.

Concordo plenamente com Indira Ghandi, que afirmou: "É um grande privilégio ter vivido uma vida difícil", pois é na dificuldade que nós crescemos, que descobrimos e desenvolvemos nossos potenciais. Admito, porém, que a maioria não pensa assim. O conforto material é tão sedutor que costuma viciar quem o experimenta regularmente, ao mesmo tempo em que pode enlouquecer quem quer senti-lo e não consegue.

Ao escrever *Dinheiro, é Possível Ser Feliz Sem Ele,* quis dar um alento àqueles que acham que só serão seres humanos de verdade quando forem ricos. Quis passar-lhes minha visão e vivência sobre o tema. Minha idéia, com o livro, era dizer algo assim: "Relaxe, respire fundo e dê o primeiro passo. Você já tem todo o equipamento para ser realizado e feliz: um cérebro com possibilidades infinitas e sentimentos que sempre poderão ser lapidados. Coloque-os para funcionar".

Quis, simplesmente, usar minha experiência para ajudar. Pois uma coisa é discorrer teoricamente sobre algo, outra é viver aquilo, como estava acontecendo comigo (estava e está, pois adotei a simplicidade como meu estilo de viver). Não pensei em criar uma teoria acadêmica sobre o assunto, mas as reações ao livro foram interessantes.

Como fui entrevistado pelo apresentador Jô Soares em seu *talk show* na Rede Globo, recebi telefonemas e *e-mails* dos mais diversos lugares, com as mais estranhas propostas.

Um senhor quis me cooptar para algo que me pareceu um movimento revolucionário das massas populares e me chamou de "covarde" quando argumentei que o objetivo do livro não era bem esse; outro me alertou, pela primeira vez, para o aspecto "ecológico" do livro; e uma senhora tentou me doar seus móveis e eletrodomésticos, imaginando que eu estivesse morando em uma casa vazia.

Havia muita coisa séria a ser dita sobre o livro, cujo objetivo as pessoas entenderiam melhor se essas coisas fossem faladas na entrevista ao Jô, mas já fui ao programa consciente de que o aspecto a ser explorado seria o engraçado, o insólito, as mazelas de um jornalista que contou moedas para colocar gasolina no carro. É o espírito do programa, e, se eu não entrasse nele, não teria a oportunidade de divulgar meu livro em rede nacional. No fim, acho que o Jô foi muito simpático e só tenho a lhe agradecer pelo espaço importante que ele e a produtora Anne Porlan me deram.

O tom dessa primeira entrevista, no entanto, foi seguido por quase todas as que a sucederam. Uma exceção foi um jornal de economia do sul do Brasil, que fez uma boa matéria citando pesquisas internacionais e informações contidas no livro *Dinheiro*. Uma dessas pesquisas havia chegado à conclusão de que, com 25 mil dólares por ano, qualquer cidadão tem acesso a tudo o que é essencial para viver bem. Acima disso, mesmo que a quantidade de dinheiro cresça bastante, os níveis de felicidade sobem muito pouco.

Uma proposta mais abrangente

Este livro, *Viva simples*, cujo projeto foi aprovado com entusiasmo pela Editora Novo Conceito, traz uma visão mais ampla sobre o tema.

Saber viver bem apenas com o necessário já não é só uma questão individual: tornou-se vital para a sobrevivência da humanidade.

Ao mesmo tempo em que os pobres terão de esquecer a pressão de consumirem como ricos, os ricos terão de aprender a viver como pobres. Por mais que se tente prevenir, será muito difícil impedir o colapso das fontes de energia. A escassez do petróleo não só tirará milhões de veículos das ruas, como reduzirá drasticamente as viagens de avião, por exemplo, tornando um passeio à Europa um luxo tão grande como nos tempos dos transatlânticos.

Não haverá mais tolerância para a poluição — já que a vida no planeta entrará numa fase crítica —, o que dará um impulso inimaginável à indústria da reciclagem.

Com a limitação dos combustíveis, o homem andará muito mais a pé ou de bicicleta e terá de fazer sua vida mais perto de casa, transformando grandes cidades em uma multiplicação de pequenas aldeias.

Mas o bom de tudo isso é que a vida que realmente interessa — a interior — será melhor, pois o homem esquecerá a superficialidade que veio com a sociedade de consumo e se voltará para aspectos essenciais, como o relacionamento pessoal, o conhecimento, a ética, a natureza, o lazer e a realização de seus dons.

Mostro, neste livro, as vantagens de uma vida simples. Não escondo que pretendo, da primeira à última linha, convencer você, querido leitor, da sabedoria de adotá-la. Não há contra-indicações, fique tranquilo. Todos ganham com ela. Esse novo estilo de vida a cada dia tem mais seguidores e, dependendo do ritmo pelo qual se espalhar pela Terra, salvará a espécie humana. Porém, o maior obstáculo para que isso aconteça continua sendo o nosso próprio egoísmo.

Enquanto tanta gente acreditar que só o acúmulo de bens pode trazer a felicidade, enquanto os líderes dirigirem seus países buscando apenas a riqueza material, o planeta e os seres vivos que nele habitam padecerão.

Para mim, é uma questão de tempo. Não dá para esperar mais. Hoje, a vida simples é adotada por uma pequena parcela, ainda não quantificada, de ricos e pobres, cujos universos sobrepõem-se minimamente, em uma minúscula intersecção. Nosso objetivo deve ser o de agir para que essa zona de intersecção cresça até englobar inteiramente esses dois universos, transformando-os em um só.

Ao contrário do norte-americano Duane Elgin, autor de *Simplicidade Voluntária* (lançado em 1981), que exclui os pobres do processo, pois considera a pobreza "involuntária e debilitante", eu acredito que mesmo as pessoas de poucos recursos — desde que não sofram da miséria absoluta — podem usufruir, com sabedoria, da vida simples. Se o acúmulo de bens materiais é o maior pecado quando se fala de simplicidade voluntária, não se pode determinar quem pode praticá-la, levando-se em conta apenas o seu nível social.

Há milhões de pessoas de conhecimento e sabedoria que não gozam de prosperidade material, mas são mais conscientes de sua função como seres humanos do que boa parte dos mais ricos. Dizer que elas não têm elementos para optar por uma vida simples, a qual já levam há muito tempo, é, no mínimo, preconceito — sentimento, aliás, que não combina com a vida simples.

Mais importante e mais abrangente do que ser "voluntária" ou não, a filosofia da simplicidade precisa conquistar todos os extratos sociais. Precisa, em suma, tornar-se "consciente".

Manual prático da vida simples

A maior parte deste livro é voltada a comentários e exemplos concretos a respeito da vida simples. Por meio dos hábitos, a obra traça um perfil do adepto desse estilo de vida. O que come? Como se veste? Onde mora? Como lida com o trabalho, o dinheiro e o tempo, como se relaciona com as pessoas?

Nestes exemplos será possível notar uma natural semelhança com algumas informações encontradas em *Dinheiro, é possível ser feliz sem ele*, mas este *Viva Simples,* escrito oito anos depois, obviamente traz uma visão mais atualizada do assunto.

Em *Dinheiro,* eu pregava contra o cartão de crédito e o celular. Hoje, eles apresentam modalidades que não encarecem desnecessariamente nossas vidas. Há muitos cartões que não cobram anuidade nem juros, desde que a fatura seja paga sem atraso. Quanto ao celular, a opção econômica do modelo pré-pago acabou com minha resistência.

É preciso que fique claro que escolher a vida simples não quer dizer voltar para uma era primitiva, de carência e precariedade. Também não significa frear o avanço tecnológico. Ao contrário: a necessidade de se ajustar a um mundo mais limpo, de manter o ritmo de desenvolvimento sem agredir o meio ambiente, obrigará o homem a reinventar o que já existe. Surgirão novos meios de transporte, novos utensílios domésticos, novas vestimentas — e, o que é mais importante para a espécie humana, um jeito diferente de olhar o planeta e de se relacionar entre si e com os outros seres vivos.

Odir Cunha

UMA SOLUÇÃO INDIVIDUAL E COLETIVA

Adotar uma vida simples é um modo seguro de alcançar o equilíbrio pessoal e uma forma eficaz de contribuir para a salvação da Terra.

Vida simples não é sinônimo de pobreza ou carência, mas sim de um estilo de vida sem excessos e ganâncias — que pode até se utilizar da alta tecnologia, desde que se mantenha em equilíbrio com o meio ambiente —, no qual os valores éticos são mais valorizados do que os bens materiais.

E por que esse tipo de vida menos ambicioso deve ser apontado como o ideal para o homem do século 21? Bem, a resposta está à nossa volta e dentro de nós. Todo o supérfluo — material e cultural — que a humanidade acumulou nos dois últimos séculos agora se volta contra ela mesma. O lixo material polui e aquece o planeta, enquanto a excrescência cultural confunde e paralisa o homem.

A solução é despir-se do desnecessário. A lista é longa: vai desde carros de luxo até dogmas religiosos ultrapassados, em um processo que pode ser penoso, pois exige a consciência do problema, a constatação dolorosa de que se estava seguindo o caminho errado.

Quem se julga bem-sucedido obedecendo ao mesmo roteiro já encenado por seus pais e avós — no qual o final feliz tem de vir acompanhado de riqueza, fama e poder — provavelmente terá dificuldades de admitir que precisa rever seus conceitos.

A teomania que nos contamina nos faz acreditar que nossa maneira de viver e pensar é a mais correta. Entretanto, é nesse individualismo, nesse egoísmo de cada um, que nasceu e floresceu a angústia que atormenta a todos.

O homem e seu *habitat* parecem ter chegado, simultaneamente, ao mesmo beco sem saída. O homem como o agente nocivo, aquele que destrói o lugar onde vive, e o planeta como a vítima silenciosa de seu animal "mais inteligente".

Na verdade, por mais maltratado que ainda venha a ser, o planeta se salvará. Pouco depois da extinção da humanidade, a hera cobriria o asfalto, os rios represados transbordariam, os animais em extinção voltariam a se multiplicar, o sol recuperaria sua cor, e o ar, seu oxigênio. Assim, por mais indefeso que possa parecer, o planeta tem seus recursos para continuar vivo e são — e um dos mais eficazes, certamente, é destruir-nos, pois nós é que o estamos torturando há séculos, principalmente a partir da Revolução Industrial, que acelerou o consumo de combustíveis fósseis.

Falemos, então, da parte que nos toca e que é justamente aquela que desencadeia tudo: nós mesmos. Assim como não adianta pensar em mudar o todo sem alterar cada partícula, é impossível esperar o futuro melhor para a humanidade se cada um de nós não der um passo nesse sentido.

O interessante dessa história é que uma vida simples nos dará mais tempo, nos permitirá relacionamentos mais ricos e duradouros, nos aproximará de nossos sonhos e aptidões, enfim, nos fará mais felizes e, ainda assim, contribuiremos para o bem-estar geral de nossa espécie.

Parece mentira que, ao contrário do que nos ensinam desde a infância, a felicidade plena possa ser alcançada sem dor e sem muito trabalho. Basta limparmos nossas mentes e nossos corações de tudo que temos aprendido e sentido nos últimos anos para percebermos que essa é uma realidade ao nosso alcance.

Simplicidade por opção

A vida simples pregada neste livro está relacionada ao conceito de simplicidade voluntária, no qual as pessoas procuram não se deixar levar pelas imposições do mercado de consumo e optam por viver mais ligadas à espiritualidade, qualidade de vida, uso melhor do tempo, saúde, preservação do meio-ambiente, redução do estresse, justiça social, enfim, valores que privilegiam o "ser", em contraposição ao "ter" induzido pela publicidade que nos cerca.

Há casos de quem se adapta à vida simples por necessidade, obrigado pelas circunstâncias econômicas. Para mim, desde que obedeça aos princípios, não importa o motivo que faz alguém adotar esse estilo de vida, mas, para o já citado norte-americano Duane Elgin, autor de *Simplicidade Voluntária*, o livro que deu origem ao movimento, a vida simples é uma escolha e não tem nada a ver com "pobreza forçada".

"A pobreza é involuntária e debilitante, a simplicidade é voluntária e mobilizadora", defende Elgin. Eu já acredito que mesmo a pobreza, se não for extrema nem paralisante, pode permitir uma vida espiritualmente plena e feliz. Dependendo do grau de sua pobreza, uma pessoa pode viver plenamente, mesmo sem luxos.

O filósofo romano Epicteto (55 d.C. – 135 d.C.), mestre admirado pela lógica de seus argumentos, pregava uma vida modesta e virtuosa e viveu segundo essa filosofia. Mesmo reverenciado pelos ricos, morava em uma pequena cabana e jamais demonstrou interesse por adquirir fama, fortuna ou poder.

Pouco antes de Epicteto, Jesus de Nazaré viveu de maneira simples e intensa. Jamais se queixou da pobreza, ao contrário: "Que proveito traz ao homem ganhar o mundo inteiro e perder a sua alma? O que daria o homem em troca de sua alma?", perguntou ele (Marcos, capítulo 8, versículos 36 e 37).

Mais de um milênio depois, no século 12, um jovem italiano da cidade de Assis trocou a riqueza por uma vida miserável, porém dedicada a Deus. Francesco Bernardoni, hoje venerado como São Francisco de Assis, abandonou as posses e a herança da família por um hábito e um cordão. Foi feliz. Realizou-se com seu contato com a natureza, a religião e os animais. Deu origem à ordem dos franciscanos, a mais humilde e uma das mais coerentes entre as correntes católicas.

Assim como Francisco de Assis, outro líder espiritual, Siddhartha Gautama, o Buda, que viveu no Nepal de 448 a.C. a 368 a.C., passou a juventude cercado de luxo e prazer — já que seu pai queria poupá-lo das tristezas da vida —, mas, aos 29 anos, ao descobrir o sofrimento das pessoas comuns, decidiu renunciar aos bens materiais e dedicar-se à meditação e à pregação religiosa.

A opção pela vida simples continua sendo comum em pessoas de alta espiritualidade, que não se deixam levar pelos apelos do consumismo. Quem fala com propriedade sobre isso é a norte-americana Vicki Robin, uma das fundadoras do movimento simplicidade voluntária: "Muitas vezes, numa sociedade consumista, as pessoas se dão conta de que têm muito, consomem muito, fazem tudo muito rápido, mas não têm tempo suficiente para fazer o que realmente querem. É a doença do muito. O consumismo nos distrai e enche todas as horas do dia. Quando estamos cansados, não temos tempo sequer para pensar no que realmente queremos. Vida simples é viver com o suficiente, o essencial", diz ela.

"Viver com o suficiente" me lembra a canção que o alegre urso Balu cantava para Mogli no filme de Walt Disney. Mentor do menino, o urso ensinava-lhe os segredos para viver bem na floresta, cantando: "Necessário, somente o necessário, o extraordinário é demais". Para a vida nas cidades, a receita é a mesma.

Se perguntarmos a várias pessoas como elas definem "vida simples", provavelmente teremos respostas com palavras diferentes, mas todas dirigidas à mesma direção. Para muitos, trata-se apenas de um estilo descomplicado de viver.

O monge chinês Shi Yongxin, líder do Templo Shaolin, vai além e fala também da importância do desapego. Para ele, "a simplicidade está em viver dentro de suas possibilidades, não viver na ilusão daquilo que não está ao seu alcance".

Esse desejo de alcançar algo que não se tem está na origem das aflições do homem e o impede de levar uma vida despreocupada. Assim, o adepto de uma vida simples, além de se satisfazer com pouco — do ponto de vista material —, também não se aflige para conquistar o que não possui. Seu equilíbrio não depende de comprar um bem novo, mas de se sentir ajustado ao mundo, com suas coisas boas e más. Quem explicou muito bem isso foi o monge brasileiro Lama Michel Rinpoche: "O sentido da vida é viver em harmonia com si mesmo e com o mundo à sua volta, conseguir ter isso como objetivo e estar bem consigo, independentemente de onde esteja e em que situação".

Lama Michel citou, ainda, uma característica mais abrangente incorporada ao conceito moderno de vida simples, que é a de fazer bem aos outros: "Fazer bem a si e aos outros... Dedicar-se aos outros e ajudá-los faz parte desse bem-estar", disse ele.

Então, chega-se à conclusão de que vida simples não é apenas aquela com poucos recursos materiais. Ela também renega ambições de riqueza e poder, ao mesmo tempo em que estimula a caridade, a generosidade, a solidariedade, enfim, o fazer o bem aos outros. Mas o que mais a compõe? Como identificar um seguidor desse estilo de vida?

Vida coerente

Não é difícil entender as características de quem adotou a vida simples, pois elas estão interligadas. Um conceito naturalmente atrai o outro e daí é possível traçar o perfil completo de quem vive segundo esses princípios. Quem prefere viver modestamente, dando prioridade ao seu crescimento interior e à harmonia com o meio-ambiente, assume uma postura que naturalmente o levará a tomar algumas posições. Por uma questão de coerência, ele também será:

- **contrário ao consumismo:** uma decisão óbvia para quem não quer ser dirigido pelas imposições da moda e/ou da publicidade. Por que um adepto da vida simples pagaria muito mais por uma camisa só porque ela tem marca famosa? Por que compraria coisas que não usaria ou por que teria muito de algo do qual só precisaria pouco?

- **contrário à poluição e à degradação do meio ambiente:** se ele prefere andar a pé, de bicicleta, ou tem, no máximo, um carro pequeno; se possui poucos eletrodomésticos, que usa parcimoniosamente, e nunca lhe passou pela cabeça ter um aparelho de ar-condicionado, por exemplo, é claro que se incomoda com o aumento da poluição e apoia maneiras de contê-la. Por isso, também é favorável ao uso de fontes alternativas de energia, que devem substituir, o mais rápido possível, a utilização de combustíveis de origem fóssil.

- **a favor da ecologia:** se ele se preocupa com o aumento da poluição, se quer viver integrado a um ambiente saudável, fatalmente é um defensor ferrenho da natureza e tomará posição a favor da preservação das matas, dos rios, mares, lagos, da camada de ozônio e das espécies animais, principalmente daquelas em risco de extinção.

- **a favor de uma vida saudável:** se ele quer um planeta limpo, com animais e plantas crescendo livremente, obviamente deseja para sua vida as mesmas benesses. Para isso, fará mais exercícios, terá uma alimentação natural, descansará o suficiente e evitará os excessos com o fumo e o álcool.

- **a favor do crescimento e da paz interior:** se ele é o contrário do *workaholic*, se diminuiu sua carga de trabalho e aumentou seu tempo de lazer e de contato com as pessoas justamente para reduzir o estresse; se trocou uma vida de aparências por uma existência interior mais rica, obviamente estará mais aberto à espiritualidade, ao conhecimento e à arte.

- **a favor da igualdade entre as pessoas:** se ele se preocupa com o planeta, com os seres vivos e com seu relacionamento pessoal, obviamente esse senso ético o faz colocar-se a favor da tolerância política e religiosa, da justiça social e da democracia e contra qualquer forma de preconceito ou discriminação.

Incluo ainda outra característica que, para mim, define o seguidor da vida simples: a racionalidade, no sentido de "inteligência" mesmo. Ele pensa, faz suas escolhas, não se deixa influenciar pela maioria. Não é a ovelha do rebanho que, por exemplo, viaja na alta temporada e frequenta os lugares eleitos como os "da moda". Ele inova e faz com que essa criatividade melhore a qualidade de sua vida e a vida de quem o cerca.

Como se percebe, há um elo coerente e ético que une todas as facetas do caráter de quem que se decide pela vida simples. Por desenhar-se tão virtuosa, essa vida pode parecer carregada de sacrifícios, como a de um religioso, mas, na verdade, é prazerosa, pois o comportamento que ela exige de quem a adota é apenas a consequência natural dessa escolha.

Decrescimento, pós-desenvolvimento, produtivismo

Você pode optar por uma vida simples porque ela será melhor para você ou porque será melhor para a Terra. De qualquer forma, alguém sairá ganhando com sua decisão.

Estudiosos já acumularam informações e argumentos suficientes para colocar em xeque a sociedade de consumo, as teorias de desenvolvimento e a globalização. Acreditava-se, a princípio, que o crescimento do consumo contribuiria para o desenvolvimento de cada país e que a globalização seria o objetivo final desse processo, distribuindo riqueza e bem-estar à humanidade.

Hoje, muitas vozes se levantam para apontar as falhas desse sistema. Uma das mais insistentes é a do economista e filósofo francês Serge Latouche, discípulo de seu compatriota François Partant, economista falecido em 1987.

Latouche é o principal porta-voz de uma corrente denominada "pós-desenvolvimento", que defende a idéia de que a globalização aprofundou as desigualdades entre ricos e pobres e fez emergir a crise mundial do meio ambiente, com a constatação das alterações climáticas e do aquecimento global.

Para Latouche, não haverá salvação para o homem a não ser que ele esqueça seus sonhos de riqueza, majoritariamente impregnados pela sociedade de consumo. "É preciso redescobrir que a verdadeira riqueza consiste no pleno desenvolvimento das relações sociais de convívio em um mundo são, e que esse objetivo pode ser alcançado com serenidade, na frugalidade, na sobriedade e até mesmo em certa austeridade no consumo material", diz ele.

O economista e filósofo francês duvida que o crescimento econômico possa ser sustentável ou compatível com a preservação do meio ambiente: "Para salvar o planeta e assegurar um futuro aceitável para nossos filhos, não basta moderar as tendências atuais. É preciso sair completamente do desenvolvimento e da economicidade, assim como é preciso sair da agricultura produtivista, que é parte integrante disso, para acabar com as vacas loucas e as aberrações transgênicas", alerta.

Na verdade, o conceito de desenvolvimento já vem sendo questionado desde a década de 1970, quando surgiram as ideias do ecodesenvolvimento, posteriormente substituídas pela teoria do desenvolvimento sustentável.

Latouche tem se destacado também como um dos defensores do "decrescimento", conceito político-econômico baseado nas teses do economista romeno Nicholas Georgescu-Roegen (1906-1994), criador da bioeconomia.

A teoria do decrescimento sustenta que o ecossistema do planeta não suportará o aumento constante do Produto Interno Bruto (PIB) dos Países, pois os recursos naturais são limitados, o que deveria limitar o crescimento. Para os "decrescimentistas", a melhoria das condições de vida deve ser obtida sem o aumento do consumo, ao contrário da corrente dominante. Eles são contra o que chamam de "produtivismo", que é a ênfase dada ao aumento de produtividade industrial, tanto nas sociedades capitalistas como nas comunistas. Para eles, o produtivismo trará as seguintes conseqüências:

- escassez de matérias-primas;
- degradação da vida e do meio ambiente;
- esgotamento dos recursos energéticos e acentuação da desigualdade entre Países ricos e pobres (hoje, 20% da população mundial consome 85% dos recursos naturais da Terra).

Os adeptos da teoria do decrescimento questionam o PIB como índice absoluto para se avaliar o nível de crescimento de uma nação. Segundo eles, indicadores mais completos são o Índice de Saúde Social, a "Pegada Ecológica" e o IDH, o Índice de Desenvolvimento Humano. Além disso, eles acreditam que existam outras formas de riqueza produzidas pelos sistemas econômicos, além de bens e serviços, tais como: qualidade do meio ambiente, instituições democráticas, justiça e bom relacionamento entre os cidadãos. Nada disso é medido pelo PIB.

Ainda conforme os seguidores do decrescimento, as sociedades imersas no consumo desenfreado e supérfluo não percebem a progressiva perda da qualidade de vida nem se dão conta da reação violenta das populações excluídas, o que em parte explica o recrudescimento da violência na periferia das grandes cidades.

"Pegada Ecológica" é uma metodologia criada para avaliar o quanto de terra e água a população de um lugar precisa para, em um ano, produzir os recursos que consome e, ao mesmo tempo, assimilar a poluição gerada por essa produção. O resultado dessa equação mostra o impacto ambiental dessa comunidade.

Por sua vez, o Índice de Desenvolvimento Humano (IDH) avalia o bem-estar de uma população, levando em conta fatores como alfabetização, educação, expectativa média de vida e índice de natalidade, entre outros. O IDH foi desenvolvido em 1990 pelo economista paquistanês Mahbub ul Haq e é utilizado desde 1993 pelo Programa das Nações Unidas para o Desenvolvimento.

Portanto, quer sejam pessoais ou humanitárias, sempre haverá elogiosas justificativas para adotar uma vida simples. Pense, analise o quanto quiser e dê o primeiro passo.

A MISÉRIA É PARALISANTE, A POBREZA NÃO

Para Duane Elgin (1981), a vida simples não deve ser confundida com privações e pobreza. Viver com simplicidade não significa abrir mão do conforto, mas seguir uma filosofia de vida saudável para si e para a humanidade. Como exemplo, Elgin citou o caso de um homem que vai ao trabalho de bicicleta para não poluir o ambiente, para economizar combustível e para se exercitar. Citou também outro homem que usa a bicicleta por pura falta de opção. O primeiro estaria usufruindo o prazer de pedalar, enquanto o outro estaria sofrendo com isso. Só o primeiro, portanto, estaria adotando a simplicidade voluntária.

Concordo em parte com Elgin, mas sua generalização, mais do que perigosa, o faz incorrer em erro, pois a divisão não é tão clara. Se a aceitação de uma vida simples parte do intelecto e do caráter da pessoa, se vem mais do interior que do exterior, logo, a pobreza material não deve ser tão relevante para se definir quem se sente adaptado ou não a uma vida simples.

Ao afirmar que a simplicidade voluntária só pode ser praticada por quem não é pobre, por quem abriu mão de alguns recursos da sociedade moderna para viver de maneira mais natural, Elgin está sendo preconceituoso e não está analisando todos os ângulos da questão.

Há pobres, aos milhões, que não são consumistas, não têm ambições de riqueza, têm consciência ecológica e se sentem felizes e adaptados ao meio ambiente. Apesar do baixíssimo nível educacional e cultural das classes menos favorecidas, é inegável que uma parte respeitável dela — não em percentual, mas em números absolutos — tenha consciência de seu papel. Além disso, o conceito de pobreza material é variável segundo as regiões do planeta. Uma empregada doméstica em país de primeiro mundo recebe o mesmo que muitos profissionais formados e qualificados em uma nação latino-americana, por exemplo.

Mesmo na Alemanha, um dos países mais desenvolvidos do mundo, os pobres representam aproximadamente 13% de sua população de 84 milhões de habitantes. Quando se sabe que quase todos os alemães são alfabetizados (99%), chega-se à lógica conclusão de que mesmo no primeiro mundo há pobres que não estão alijados do acesso à comunicação e cultura. Portanto, têm elementos para viver conscientemente uma vida simples.

Também é preciso deixar claro que a pobreza da qual estou falando não é a miséria, esta sim paralisante, que aflige 1,3 bilhão de pessoas no mundo. Refiro-me à vida com poucos recursos, mas sustentável, que em certos países avança até a classe média baixa e congrega 1,5 bilhão de habitantes da Terra.

A pior pobreza, a que realmente fere, não é a material, mas a do espírito. Se o espírito estiver são, a possibilidade de reverter a pobreza material sempre vai existir. Um homem pobre pode se tornar rico ao ser bafejado pela sorte, mas a riqueza de idéias e a nobreza de caráter não caem do céu do dia para a noite.

Boa parte das entidades assistenciais é criada e desenvolvida por pessoas quase tão carentes como as que são auxiliadas. Em São Paulo, há exemplos marcantes dessa solidariedade, como a do jovem favelado que criou uma biblioteca em sua própria casa; a do catador de lixo que consertou uma velha filmadora e conseguiu uma garagem para passar sessões de cinema aos garotos do bairro; e a dos catadores de lixo que se organizaram um uma cooperativa.

A cooperativa dos catadores de lixo paulistanos trouxe dignidade à vida de muitos sem-teto, que hoje têm um rendimento suficiente para suas necessidades básicas, e ainda tornou a cidade um referencial no País quanto à reciclagem do lixo.

Entendo perfeitamente o que Duane Elgin (1981) quer dizer com simplicidade voluntária, mas não creio que aí esteja o cerne da questão. O importante, para o planeta e para a própria pessoa que a pratica, não é se a simplicidade é voluntária ou não. A questão principal é estar consciente de que esse estilo de vida é bom e pode proporcionar uma existência feliz e proveitosa. E essa consciência está à disposição de ricos ou pobres.

Não posso dizer exatamente como vivem e o que pensam os pobres dos Estados Unidos, mas imagino que padecem de grande desequilíbrio por estarem na meca da sociedade de consumo e viverem à margem dela. Cercado por uma visão essencialmente materialista, em que para provar que está vivo é preciso comprar, o norte-americano pobre nem ao menos tem uma filosofia na qual se fundamentar. Para todos os lados que olha, ouve que ele precisa ter isso ou aquilo para se tornar um ser humano de verdade. Mas ele não representa todos os pobres da Terra.

O pobre do terceiro mundo vive nessa condição há décadas, séculos, não se trata de um "novo pobre". Ele se adequou à sua situação e tem ferramentas para lidar com ela. Uma delas é a religião, outra, o esoterismo — ambas lhe dão um sentido para a vida que não depende exclusivamente de bens materiais. A Índia, onde vivem cerca de 400 milhões de pobres, é o maior exemplo disso. Não se pode negar que o consumismo seduz prioritariamente as pessoas sem princípios definidos, sem grande conhecimento ou cultura, e é óbvio que a grande massa popular dos países ocidentais está incluída nesse contingente. Porém, a generalização é temerária.

Percentualmente, os pobres que se sentem confortáveis com uma vida simples podem não significar muito, mas em números absolutos jamais poderiam ser desprezados. Se 1% dos pobres do mundo vive bem, dentro dos valores de uma vida simples, isso já significa 15 milhões de pessoas. Não se pode criar uma teoria jogando tanta gente para baixo do tapete.

Zona de intersecção

O que o corre é que há pessoas que, mesmo podendo ter um estilo de vida mais caro e sofisticado, preferem a vida simples — que seriam as adeptas da simplicidade voluntária —, mas há também aquelas que vivem simplesmente por força das circunstâncias, embora assim cultivem os mesmos valores que os voluntários, ou seja: não são consumistas, evitam poluir, preocupam-se com o meio ambiente e apoiam a democracia, a justiça social e a ética. Para o planeta, o que interessa é a atitude e não o que a motivou.

Para entender melhor, imagine dois círculos: um representa as pessoas de nível social mais alto; o outro representa os pobres. Os círculos se interpenetram em, digamos, 1% de suas superfícies, criando uma área de intersecção que representa o grupo de pessoas que adotam a vida simples, voluntariamente ou não. Se um dia os dois círculos se unirem em sua maior parte, o futuro da humanidade estará garantido. Para isso, é óbvio que mais e mais pessoas, ricas ou pobres, terão de descobrir o caminho da vida simples. Do contrário, as perspectivas para a vida na Terra serão as mais sombrias possíveis.

Como Duane Elgin defende que a simplicidade voluntária só pode partir de quem não é pobre, obviamente ele acredita que as pessoas de menos recursos primeiro terão de ascender de classe econômica para depois tomarem a decisão de simplificar suas vidas. O problema é que isso leva tempo e talvez o planeta não possa esperar.

A poluição, a destruição do meio ambiente e o esgotamento dos recursos naturais crescem mais rapidamente do que a redução da pobreza. É impossível esperar até que todos deixem de ser pobres e se conscientizem naturalmente do problema. É bem provável que a humanidade ainda conviva, ao menos até o fim deste século, com imensos bolsões de miséria e ignorância.

Quando se sabe que, pelo ritmo que as coisas caminham, em cerca de 50 anos não haverá mais gelo no Ártico e o aquecimento global estará em franco progresso, fica evidente que as pessoas, sem exceção, têm de ser apresentadas urgentemente a uma forma mais coerente de se viver e se relacionar com o mundo.

Para mim, a vida simples é a clínica de desintoxicação da humanidade, que depois de se exceder por décadas na orgia do "progresso" não tem outra saída a não ser abolir os excessos e aprender os segredos de uma existência comedida. Mas não será um tratamento fácil, já que a sociedade de consumo incentiva o trabalho desmesurado e a busca permanente da riqueza, pois se alimenta justamente dessa obsessão coletiva por conquistas materiais.

A teoria de que "quanto mais produção, melhor" levou aos exageros que desequilibraram o homem e o planeta. Do homem, tirou o tempo para o lazer, embotou suas idéias e planos, transformou-o, de ser criativo, com vontade própria, em ferramenta de trabalho com metas a cumprir. Do planeta, sufocou seu ciclo de vida, não lhe permitiu os intervalos vitais para que voltasse à pulsação normal.

Os animais sempre foram caçados, assim como sempre foram sujas as águas e derrubadas as árvores, porém em um ritmo que permitia a recuperação das espécies, das matas e do oxigênio de mares e rios. A ânsia pela produção maior e mais rápida cortou o período de convalescença da Terra, que nunca mais se recuperou plenamente de suas perdas.

Assim, vejo a vida simples não como uma possibilidade voluntária, mas compulsória, pois é uma forma inteligente de frear a destruição do planeta sem reduzir a qualidade de vida.

Para passar e enfatizar essa mensagem a toda a humanidade, não me ocorre nada melhor do que as técnicas publicitárias. Sim, a mesma publicidade que criou e acelerou o consumo de massa pode muito bem assumir uma postura mais ética agora e alertar as pessoas, mesmo as analfabetas e pouco cultas, para o buraco em que vamos nos meter se não mudarmos alguns conceitos.

Publicidade do bem?

Admito que não seja fácil desfazer o que tem sido semeado desde o final dos anos 1940, quando os Estados Unidos saíram como os grandes vitoriosos da Segunda Grande Guerra e passaram a exportar seu modo de vida para o mundo.

A produção em série advinda da industrialização exigia um mercado maior de consumidores. Assim, a publicidade usou e abusou dos novos veículos de massa — o rádio e a tevê — para convencer as pessoas de que aqueles novos produtos eram essenciais para suas vidas. Para completar, o sistema de crediários tratou de "esticar" os salários, aproximando os objetos de desejo do trabalhador comum.

Aquele sabonete penetrava na sua pele, limpando-lhe os poros e deixando-a muito mais macia; aquela pasta de dentes tornava seu sorriso irresistível; assim como aquela camisa, aquele sapato, aquela moto, aquele carro esporte... Você também podia ficar mais forte e viver mais se bebesse ou comesse determinados produtos. Bem, mas nem tudo era verdade.

Enfim, antes que leis rígidas proibissem a propaganda enganosa, ela já tinha enganado muita gente. E se hoje não engana nos fatos, engana no conceito, pois continua vendendo a idéia de que você será mais bonito, mais inteligente, mais saudável e mais feliz se comprar isso ou aquilo.

Para vender, a propaganda não se acanhou de apelar para os sentimentos mais baixos do ser humano. Não há um só dos sete pecados capitais — vaidade, inveja, gula, luxúria, avareza, ira e preguiça — que não tenha sido contemplado exaustivamente em campanhas publicitárias. Não é difícil entender esse lado negativo da propaganda, que floresceu em um período obscuro da humanidade — no auge da Guerra Fria, época em que imperavam a desconfiança e o medo.

Enquanto os soviéticos eram estimulados a denunciar os próprios familiares que fugissem da cartilha do comunismo, os norte-americanos, de 1950 a 1956, viram-se às voltas com o odioso Macartismo, campanha liderada pelo senador Joseph Raymond McCarthy contra todos os suspeitos de simpatizar com os comunistas. Em meio a esse clima de terror que lembrou a caça às bruxas da Idade Média, floresceu a propaganda norte-americana, oferecendo eletrodomésticos, hambúrgueres, Coca-Cola e calças *jeans* como a concretização do sonho americano — um sonho que já nasceu ligado a bens materiais e a sentimentos escusos.

Se o vizinho tinha comprado o último modelo de vitrola estereofônica, por que não adquiri-lo também? Seria mal visto socialmente quem ficasse para trás. Os filhos seriam ironizados na escola, as mulheres seriam alfinetadas nos chás da tarde. E assim, de item em item, movidos pela milenar inveja, os lares competiam para ser mais bem aparelhados e modernos, para alegria dos industriais e publicitários.

Há alguma dúvida de que a epidemia mundial de obesidade se deve, em grande parte, à propaganda de *fast-food* (gula); que a publicidade influiu nos valores morais do homem, vulgarizando o erotismo (luxúria); ou que estimulou o narcisismo, com seus cosméticos, acessórios e roupas (vaidade)?

Pois agora, para ajudar a remediar as coisas, será que ela terá de recorrer às sete virtudes, opondo a generosidade à avareza; a caridade à inveja; a temperança à gula; a humildade à vaidade; a diligência à preguiça; a paciência à ira; e a castidade à luxúria?

Não creio que se possa contar com uma atuação decisiva do ramo publicitário na conscientização das pessoas para as vantagens de se levar uma vida simples. Afinal, ainda é uma área extremamente comprometida com o incremento do consumo. Por sua vez, a televisão, veículo que domina as massas, depende da publicidade e precisa vender cada vez mais para sobreviver.

Na verdade, a tevê não é boa nem má. Ela mostra o que a sociedade quer ver e fala o que a sociedade quer ouvir. É um espaço de aluguel usado por quem pode pagar por ele. Se um dia as entidades ligadas à ecologia, à justiça social ou à vida simples puderem arcar com o custo da publicidade, terão voz na tevê (no mais, só se poderá contar com inserções solitárias, quase doações caridosas que essa fábrica de consumidores costuma oferecer — provavelmente para amenizar seu complexo de culpa — a instituições de caridade).

A esperança de propagação dos preceitos de uma vida saudável, descomplicada e interiorizada vem do mundo artístico e intelectual, das pessoas tradicionalmente menos apegadas ao dinheiro. Filmes, livros, peças de teatro, exposições, encontros e palestras certamente farão muito mais pela causa da vida simples do que o mercado publicitário.

SIMPLES, MODERNA E NATURAL

O estilo de vida simples, que pode recolocar a humanidade no caminho de uma evolução prazerosa e limpa, não precisa abdicar dos confortos trazidos pela tecnologia. O bem-estar físico e os cuidados com o meio ambiente podem e devem conviver em harmonia com as modernidades que facilitam a vida do homem.

Tendo-se em vista que comunicação e cultura são essenciais para uma qualidade de vida satisfatória, é evidente que a Internet e o DVD (ou o seu precursor, o videocassete) vieram melhorar nossas vidas. Houve um tempo em que para rever um bom filme era preciso torcer para ele voltar ao cartaz em algum cinema de arte ou, ainda mais improvável, ser reprogramado por algum canal de tevê aberta, a única que existia. Ou seja, você poderia passar o resto da vida sem ver de novo determinado filme.

Hoje, todos os clássicos do cinema, além dos melhores documentários, podem ser alugados em qualquer esquina. Nos anos de 1970, nem se saberia avaliar o preço de uma engenhoca que nos possibilitasse tamanha aventura...

Há menos de 20 anos, um amigo me convidou para assistir a um *show* em seu DVD comprado nos Estados Unidos. Que acontecimento! Pois tudo evoluiu tão rápido que no final de 2007 uma senhora que faz a faxina em casa disse que tinha comprado um DVD para os filhos se distraírem quando ela estava fora. Pudera, o aparelho já custava menos de 1/4 do salário mínimo brasileiro.

Por falar em milagres tecnológicos, recordo-me bem da sensação de espanto e admiração quando, no início dos anos 1990, um cliente de minha assessoria de imprensa sacou um telefone sem fio do carro e passou a falar com a secretária. Parecia coisa de James Bond. Em dezembro de 2007, 115 milhões de brasileiros, mais de 60% da população do País, tinham celulares.

Quanto à internet, bem, é uma verdadeira caixa de Pandora. Se você quiser, ela pode trazer informações importantes num piscar de olhos e também encurtar as distâncias entre as pessoas, rompendo fronteiras físicas e culturais. Enfim, não dá mais para imaginar o mundo sem ela.

Uma vida simples não precisa nem deve prescindir desses bens. Se quiser, até pode, pois os eternos livros felizmente ainda são a maior fonte de conhecimento, as boas conversas não dependem de celulares e é possível sobreviver sem nossos filmes favoritos. Mas já que podemos usufruir dessas maravilhas eletrônicas sem gastar muito e sem agredir o meio-ambiente, por que não?

A teoria da vida simples não prega a volta ao passado, o retorno do homem à natureza selvagem. Não seria inteligente abdicar, por exemplo, dos avanços da medicina que permitem erradicar doenças outrora fatais e prolongar a média de vida humana para a casa dos três dígitos.

E como não se deslumbrar com a espantosa evolução dos transportes, que nos coloca em contato com nações e povos que antes só víamos nos livros e nas revistas de viagens? Ao conhecê-los, temos uma noção mais fidedigna do *habitat* em que vivemos, da espécie animal a que pertencemos e, no fim das contas, de quem somos.

Todas as informações que podem enriquecer nosso conhecimento não devem ser rejeitadas, pois nos permitem um enfoque mais abrangente das coisas, e é essa visão, por sua vez, que inevitavelmente acaba reforçando os valores que constituem a base de uma vida simples: a ética, a coerência, a vida saudável e a valorização do intelecto e dos sentimentos nobres do homem.

Quer dizer, então, que a busca e o acúmulo de conhecimento levarão, inevitavelmente, à conclusão de que a vida simples é a única concebível para o homem? Sim, não tenho qualquer dúvida de que a resposta é positiva.

O termo "simples" pode enganar, por dar a idéia de uma existência precária, sem qualquer sofisticação, mas no caso ele significa "sem luxo", "sem excesso". Na verdade, quem opta ou se adapta a uma vida simples é mais sofisticado do ponto de vista intelectual e ético do que aquele que simplesmente segue o padrão imposto pela sociedade, tal qual o cordeiro ao rebanho.

Assim, o sinônimo mais apropriado para "simples", no caso, é mesmo "coerente", pois o que importa não é utilizar mais ou menos recursos tecnológicos, e sim obedecer aos princípios éticos da vida simples. Todas as tecnologias são bem-vindas, desde que contribuam para o aprimoramento do homem sem prejudicar a natureza.

Escandinavos apontam o caminho

Os escandinavos estão aí para nos dar o exemplo de uma vida simples e próspera. Entre as nações mais desenvolvidas do mundo, são as de melhor qualidade de vida, liderando todos os quesitos que se referem ao bem-estar da população. Vale a pena conhecê-los um pouco mais.

Originalmente, Escandinávia era a denominação da região que abrange a Noruega e a Suécia. Hoje, se aceita que Finlândia, Islândia, Ilhas Faroé e Dinamarca também façam parte da Escandinávia, não só pela posição geográfica, mas pela afinidade cultural e política (a expressão Países nórdicos designa as nações escandinavas mais a Groenlândia e as ilhas Alanda).

Fisicamente, os países escandinavos têm as mesmas características: apresentam baixa densidade demográfica, sofrem o inverno implacável do norte da Europa e têm imensas áreas verdes, muitos rios, montanhas e os conhecidos fiordes (entradas do mar entre as montanhas, devido à erosão provocada pelo gelo).

Apesar de Noruega, Suécia e Dinamarca terem línguas oficiais diferentes, elas têm a mesma origem e são compreensíveis entre si, pois desde a Idade Média foram igualmente influenciadas pelo alemão. Assim, um jornal de um país pode ser lido pelos habitantes do outro, por exemplo.

Mesmo que nunca tenha havido uma união política, a afinidade entre as nações sempre foi tão grande que de 1873 até o início da Primeira Guerra Mundial, em 1914, houve uma União Monetária Escandinava, que utilizou como moeda comum a kroner/krona.

O temperamento dos povos da região também se assemelha: discretos, racionais, com grande espírito de equipe e senso comunitário, os escandinavos não se deixaram levar pela embriaguez do consumismo. Conscientes da necessidade de cuidar da natureza, conseguem unir os benefícios da modernidade tecnológica à tranquilidade de uma vida simples.

Mesmo sem as benesses do sol e de praias paradisíacas e obrigados a suportar temperaturas baixíssimas durante boa parte do ano, os escandinavos lideram os *rankings* que tratam de qualidade de vida, bem-estar, meio ambiente e felicidade. Mais que por leis rigorosas, isso foi conseguido pelo elevado senso ético de seus cidadãos.

Recentemente, um amigo voltou da Noruega e me contou um fato corriqueiro por lá, mas impensável no nosso Brasil, onde ainda prevalece a lei de levar vantagem: uma amiga dele, ao chegar bem cedo ao trabalho e com todas as vagas do estacionamento da empresa à sua disposição, parou o carro o mais distante possível. Ao ser questionada por ter feito isso, ela respondeu: "Costumamos deixar livres as vagas mais próximas, pensando em quem chega atrasado, pois eles terão mais necessidade de ganhar tempo".

Por tais demonstrações de consciência e solidariedade de seus habitantes, não é surpresa que todas as pesquisas apontem a Escandinávia como a região do planeta onde se vive melhor.

Em setembro de 2007, a Revista *Reader's Digest* publicou a lista dos Países mais "verdes" do planeta, incluindo 141 nações. As três mais bem classificadas eram Finlândia, Islândia e Noruega.

Na mesma matéria, a lista das cidades onde é mais agradável viver era encabeçada por Estocolmo, capital da Suécia, com cerca de 800 mil habitantes (1,7 milhão incluindo os subúrbios), seguida de Oslo, capital da Noruega, com aproximadamente 550 mil moradores (1,2 milhão na Grande Oslo), que, com seus 50 museus e inúmeras galerias de arte, impressiona pela reverência à cultura.

Mesmo com apenas 4.752.735 habitantes (estimativa para 2008), que se distribuem por uma imensa área de 385.155 quilômetros quadrados — média de apenas 12 habitantes por quilômetro —, a Noruega já contribuiu com grandes nomes para a história das artes, como o dramaturgo Henrik Ibsen, o pintor expressionista Edvard Munch, o compositor Edvard Grieg e os romancistas Bjørnstjerne Bjørnson, Knut Hamsun e Sigrid Undset, todos vencedores do Prêmio Nobel de Literatura (os leitores mais jovens se lembrarão, ainda, da banda pop A-ha).

Com uma renda *per capita* que foi a maior do mundo por sete anos consecutivos, ultrapassada somente pela também escandinava Islândia, em 2007, a Noruega prova que é possível ser moderna e ao mesmo tempo cultivar uma vida saudável, ligada à natureza. Suas aldeias de pescadores são tão numerosas ao longo da costa que somam mais habitantes do que suas cidades.

No *ranking* mundial do Índice de Desenvolvimento Humano (IDH), que mede, além do PIB, o nível de educação e a longevidade de um povo, Islândia e Noruega estavam tecnicamente empatadas na primeira colocação em 2007. A Suécia aparecia na sexta posição, a Finlândia, em décimo primeiro e a Dinamarca, em décimo quarto. Os Estados Unidos ocupavam a décima segunda posição; Portugal era o vigésimo nono; a Rússia era a sexagésima sétima; e o Brasil, septuagésimo.

Esse *ranking* não deve se alterar nos próximos anos, pois os escandinavos continuam à frente na questão ecológica. Enquanto em boa parte do mundo o aumento do número de automóveis por habitante ainda é tido como um sintoma de desenvolvimento, na rica Dinamarca ministros vão de bicicleta para o trabalho, e na Noruega já se fala em proibir anúncios de carros à gasolina: "É impossível que um carro faça algum bem ao meio ambiente, a não ser destruí-lo menos do que os outros. Não existem carros 'verdes', 'amigos do ambiente' ou 'limpos'", diz Bente Oeverli, executiva do órgão de regulação publicitária da Noruega, que recomendou aos fabricantes de automóveis que não utilizem mais frases mentirosas associando suas máquinas à preservação do planeta.

A União Européia seguirá o mesmo caminho, restringindo a publicidade de automóveis movidos a gasolina a fim de estimular a produção de modelos mais econômicos e ambientalmente corretos. Devem ser banidas referências à rapidez ou ao prazer de dirigir, ao mesmo tempo em que os anúncios de veículos de grande porte deverão revelar o consumo de gasolina e o volume de dióxido de carbono emitido por quilômetro.

Novas fontes de energia

Um dia o petróleo vai acabar. Especialistas dizem que sua produção cairá em média 3% ao ano, o que o tornará cada vez mais raro e caro. Para o engenheiro petrolífero Richard Duncan, será impossível manter o nível de industrialização que o mundo tem hoje e haverá o risco de que a Terra regrida a uma espécie de Idade da Pedra Pós-Industrial.

Não parece provável que a falta do petróleo provoque um retrocesso tão grande, mas James Kunstler, autor de *The Long Emergency* (*A longa emergência*), previne que "nossa vida terá de ser reorganizada, numa escala muito menor. Não será possível viajar de carro ou de avião com a frequência que fazemos hoje".

A tendência é que o petróleo seja substituído por um conjunto de fontes de energia, como a nuclear, a hidrelétrica, a solar, a eólica e a marítima. Nenhuma delas, porém, é fácil de armazenar e transportar. Daí porque o biodiesel, apesar dos cuidados que exigirá do meio ambiente e quanto à produção de alimentos, se apresenta como o substituto mais viável do petróleo, principalmente como combustível para veículos de transporte.

As variadas fontes de energia, hoje negligenciadas, provavelmente acabarão dando conta de manter as indústrias e as casas funcionando quando o petróleo nos abandonar. A energia nuclear, com 470 reatores em 31 Países, deverá ser a mais importante delas, infelizmente. Quase 80% da energia elétrica da França provém de geração nuclear, índice que se mantém alto na Bélgica (57%), Suécia (46%), Suíça (40%), Japão e Coréia do Sul (39% cada).

A energia solar, por sua vez, segue sendo uma boa opção, principalmente para lugares remotos, onde a rede elétrica não alcança. Seu preço de instalação tem caído a cada ano, suas centrais requerem apenas uma manutenção mínima e o que é melhor para os adeptos de uma vida simples: não polui. É bastante viável economicamente em países tropicais e subtropicais, bem iluminados durante todo o ano, mas pode apresentar intermitência em lugares de invernos longos ou de céu encoberto. Em 2004, a energia solar instalada no mundo era de apenas 2,6 gigawatts, uma base de 18% da capacidade da usina de Itaipu. O Japão era o maior produtor, com 1,13 gigawatt.

Menos popular, porém mais importante do que a solar, é a energia eólica (de Éolo, deus dos ventos na mitologia grega). Aproveitada desde a antiguidade para impulsionar barcos a vela ou para mover as pás de moinhos de vento que moíam grãos ou bombeavam água, a energia eólica é hoje utilizada para impulsionar aerogeradores — turbinas em forma de catavento —, que transformam a força do vento em energia elétrica.

De 1999 a 2005, aproveitando-se de uma redução de 80% no custo de suas instalações, a energia eólica quadruplicou sua participação no mercado mundial de energia e em 2003 foi a forma de energia que mais cresceu nos Estados Unidos. Em 2005, sua capacidade de gerar energia elétrica era de 59 gigawatts, ou 1% das necessidades do planeta, o suficiente, porém, para satisfazer as exigências básicas de um país como o Brasil.

Por ser renovável e não poluir, a energia do vento certamente terá seu lugar no futuro. Ela já contribui com percentuais significativos para a produção de energia elétrica em alguns países europeus, com destaque para Dinamarca (23%), Portugal (8%) e Alemanha (6%).

Há, ainda, outras formas de energia em estudo. Há anos se analisa a possibilidade de extrair o hidrogênio da água (H_2O) e transformá-lo em combustível para veículos. Teríamos, então, o sonhado "carro a água", limpo e barato. Em laboratório, é possível comprovar a eficiência dessa teoria, mas na prática ainda não se chegou a um motor viável comercialmente, que pudesse ser produzido em série.

A energia do mar, que pode ser extraída das ondas, das marés e das diferenças de temperatura dos oceanos, também se revela possível na teoria, mas não tem recebido a devida atenção dos governos. Apesar disso, 14 países estão se dedicando a projetos na área, mas por enquanto os custos são altos e a energia gerada é pouca. Além de captá-la, o problema é levá-la para terra firme a um custo razoável.

Todas essas fontes de energia, entretanto — com exceção do hidrogênio, ainda em estudos —, são mais propícias para movimentar o parque industrial, os edifícios e as casas, mas deixariam a questão dos veículos de transporte em suspenso. Há experiências com carros elétricos ou movidos a energia solar e eólica, mas ainda são vistas apenas como curiosidade, pois têm se mostrado inviáveis na prática.

Na verdade, o que o homem queria era algo como a gasolina, um líquido inflamável que pudesse ser facilmente transportado e que funcionasse perfeitamente nos automóveis e nos motores de combustão que já existem. Bem, pois essa fonte miraculosa de energia apareceu e hoje é apontada como a substituta natural do petróleo.

Não falo do álcool (etanol), usado como combustível no Brasil desde 1975, quando surgiu o programa Proálcool, em decorrência da crise mundial de petróleo. Na época, o mercado de carros a álcool pareceu se consolidar e a produção do combustível atingiu o auge em 1986/1987, com 3,4 bilhões de litros ao ano. Porém, um novo barateamento do petróleo e a valorização do açúcar no mercado internacional fizeram os usineiros optarem por dar outro destino à sua produção de cana.

O álcool combustível só voltou a ser viável com a tecnologia *flex-fuel*, que possibilitou o surgimento dos carros bicombustível, aptos para receber tanto gasolina como álcool. Desde o início de 2003, em que a Volkswagen lançou o primeiro modelo Total Flex, todas as montadoras instaladas no Brasil já produziram carros com essa tecnologia. Em 2007, 85% dos automóveis novos vendidos no País tinham motores flex.

Ótimo, mas motores flex continuam dependendo do petróleo, que vai ficar cada vez mais caro, até acabar. Portanto, o uso do álcool ajuda a amenizar o problema, mas não o soluciona. Qual seria, então, o verdadeiro substituto da gasolina?

A resposta está no discutido biodiesel, um éster de ácido graxo renovável e biodegradável que substitui total ou parcialmente o óleo diesel de origem fóssil, não exige alteração mecânica nos motores atuais, não polui o ar e não depende de altos investimentos para ser obtido, como o petróleo. No entanto, ainda há questões a ponderar antes de elegê-lo como o combustível do futuro.

Prós e contras do biodiesel

As vantagens, com relação ao petróleo, parecem indiscutíveis. A principal qualidade do biodiesel é exercer a mesma função do combustível fóssil (gasolina, diesel) sem poluir o ar, pois é constituído por carbono neutro, renovável, e não possui enxofre em sua composição.

Sua produção, em médio prazo, tornará o Brasil não só auto-suficiente, como também exportador de energia. A economia de muitas regiões do País será beneficiada pelo cultivo e processamento das matérias-primas utilizadas nos óleos vegetais usados para produzir o biodiesel — mamona, soja, dendê, milho, girassol e algodão — e as oportunidades de trabalho crescerão nessas regiões, diminuindo o crônico problema do êxodo rural.

Curitiba, considerada a capital de melhor qualidade de vida no País, implantou uma frota de ônibus movida a biodiesel e, com isso, reduziu enormemente a poluição ambiental, contribuindo para melhorar a qualidade de vida de três milhões de pessoas. Seu exemplo tem servido de estímulo a outras cidades brasileiras: calcula-se que até 2010 mais de quinhentas delas oferecerão biodiesel em seus postos.

Mas nem tudo tem sido flores no caminho das oleaginosas que querem mover o mundo. O surgimento do biodiesel coincide com uma grave crise mundial de alimentos e gera críticas ao processo de plantação de comida (soja, milho) para depois transformá-la em combustível.

Os críticos dizem que o preço dos alimentos estão em alta e não devem baixar; que no Brasil e na Ásia lavouras de oleaginosas usadas para a produção do biodiesel estão invadindo florestas e colocando em risco espécies animais em risco de extinção; que a produção agrícola intensiva pode provocar o esgotamento do solo, destruindo a fauna e a flora e aumentando o risco do surgimento de novos parasitas, como o mosquito transmissor da malária; e que a queima da glicerina, subproduto do biodiesel, gera a acroleína, substância suspeita de ser cancerígena.

O bom senso diz que apenas vegetais que não são essenciais para a alimentação humana devem ser cultivados com a finalidade de produzir biodiesel, e que sejam feitos estudos cuidadosos sobre as terras aráveis destinadas a esse fim. Entretanto, o currículo da humanidade não dá esperanças de que esse processo transcorra de forma tão ordenada.

O problema da escassez de alimentos, já se sabe, não é a falta deles, mas sim sua má distribuição. Há alimento suficiente para saciar todas as bocas do planeta, mas ele simplesmente não chega a todas elas. O mais difícil, descobrir um substituto do petróleo passível de ser produzido em larga escala e não poluente, já foi feito. Agora vem a parte que deveria ser a mais fácil, mas que pode se complicar devido aos interesses em jogo.

De qualquer forma, o biodiesel será importante para frear a poluição e reverter o quadro de degeneração progressiva da Terra. Aliado a outras formas de energia limpa, ele tornará nossa vida mais saudável, sem interromper o caminho inevitável da tecnologia.

A simplicidade voluntária também está aberta aos mais ricos. Depois de envolvidos pelos sonhos de consumo da sociedade, eles podem escolher esse estilo de vida mais simples e tranquilo. Porém, talvez nem precisassem passar pela experiência da corrida ao dinheiro para descobrir que ele, sozinho, não traz a desejada felicidade.

É compreensível, entretanto, que tantos acreditem nos poderes do capital. Na sociedade de consumo, questionar a importância do dinheiro soa parecido com a heresia dos que se voltavam contra a Igreja na Idade Média. Se o deus tilintante de nossos tempos pode comprar tudo, por que não acreditar nele acima de todas as coisas? Por que não fazer qualquer sacrifício para obter suas bênçãos?

Boa parte da humanidade pensa assim e tem boas razões para isso. Está comprovado que, para quem não tem o básico para viver, o dinheiro realmente traz a felicidade. Para os milhões de miseráveis que habitam o planeta sem a garantia do alimento, da saúde, da moradia e da educação, adquirir tudo isso seria como viver o céu na Terra. No entanto, pesquisas também têm mostrado que, a partir de certo nível econômico, quando as pessoas têm suas necessidades básicas satisfeitas, ser mais ou menos feliz deixa de ser uma questão unicamente material.

Uma emissora de tevê norte-americana entrevistou pessoas que eram pobres antes de ganhar prêmios milionários na loteria e lhes fez a pergunta: "Você é mais feliz hoje?". Surpreendentemente, apenas pouco mais de 30% disse que era mais feliz, justamente quem, antes da sorte grande, não tinha as condições elementares para uma vida digna.

Pouco depois, a TV Globo repetiu a mesma entrevista com brasileiros que tinham mudado de vida com prêmios lotéricos e novamente chegou-se à constatação de que o dinheiro aumentou significativamente o grau de felicidade dos mais carentes, mas não alterou muito a situação dos que já levavam uma vida normal.

Nessa matéria com os brasileiros, aliás, chamou a atenção a história de uma velhinha que disse ter saudade dos tempos em que sua única preocupação era ter comida na mesa e saúde. A vida era simples, mas a família feliz e unida. Com o dinheiro, que deu para comprar uma bela fazenda, surgiu também a animosidade entre os filhos, o que a amargurava.

Um documentário exibido no Discovery Channel mostrou o impacto que uma bolada conseguida da noite para o dia exerce nas pessoas. Um caso interessante foi o de um jovem norte-americano que vivia muito feliz e tinha uma turma alegre de amigos antes de ser premiado com uma fortuna incalculável.

Para comemorar, o rapaz bancou uma viagem à Europa com os amigos e deu uma moto incrementada para cada um. Porém, alguns deles não ficaram satisfeitos. Achavam que ele deveria dividir com eles toda a fortuna. Como não concordou, o novo milionário acabou segregado do grupo e os laços de amizade se desfizeram.

Estudos com ganhadores de loteria mostram que o novo patamar de felicidade se prolonga por, no máximo, dois anos e depois tende a regredir à média da população. A sensação de "férias eternas" que vem com a fortuna paulatinamente é substituída pelos desafios da nova posição social. E comparar-se aos outros continuará sendo um problema.

O novo milionário se colocará bem acima do nível de seus amigos pobres, mas ao mesmo tempo entrará numa faixa social em que provavelmente não estará entre os mais ricos, educados, cultos e de bom gosto. Esse choque poderá lhe causar profundas decepções, principalmente se viveu acreditando que apenas o dinheiro resolveria tudo.

Sim, porque para muitos a medida da felicidade depende da comparação com os outros. Várias pesquisas comprovam que as pessoas preferem ganhar um salário modesto, porém maior do que o dos companheiros, ao invés de ter uma boa remuneração, porém inferior à dos colegas.

A força da paixão

Há muitas outras situações em que o dinheiro não é o prêmio mais cobiçado. Um documentário sobre o assunto concluiu que uma vitória esportiva que marque uma carreira, como uma medalha olímpica, proporciona mais felicidade ao atleta do que se tivesse recebido uma grande fortuna.

Uma conquista que compense anos de trabalho duro não tem preço. Os grandes campeões do esporte, ao menos a maioria deles, foram movidos por paixão. No Brasil, Pelé e Gustavo Kuerten, o Guga, são exemplos admiráveis.

Quando Pelé, aos 17 anos, marcou dois gols na final da Copa do Mundo da Suécia, um deles antológico, o jogador de futebol não tinha a perspectiva de ficar rico. Ao voltar a Santos, mesmo depois de saudado como a grande estrela da Copa, aquele que viria a ser chamado de O Rei do Futebol voltou a morar na mesma pensão e continuou andando de bonde, pois demorou mais alguns anos para comprar o primeiro carro, que era usado.

Sua grande emoção ao vencer a Copa — o que o fez chorar copiosamente nos ombros do goleiro Gilmar — é explicada por uma promessa feita oito anos antes. Ao ver o pai chorando pela derrota do Brasil na Copa de 1950, Pelé, com nove anos, prometeu a ele que ainda ganharia uma Copa para o Brasil. Ao finalmente realizar o sonho de uma vida, o garoto desabou.

Quanto a Guga, aos 21 anos, logo após vencer seu primeiro título em Roland Garros, em 1997, ele disse que nem precisava de tanto dinheiro (660 mil dólares), pois tinha uma boa casa e, quando precisava de carro, sua mãe lhe emprestava o velho jipe Chevrolet. Na sua espontaneidade, o garoto da bela Florianópolis estava sendo sincero. Levava uma vida feliz com a mãe e os irmãos; ao viajar pelo mundo tinha a companhia do técnico e amigo Larri Passos; sentia que estava jogando bem e as vitórias finalmente o recompensavam por anos de esforço. Assim, não era a ânsia do dinheiro, mas sim a paixão que o movia.

Resumir os feitos dos grandes atletas em cifrões é uma maneira mesquinha de enxergar o esporte. Se a recompensa financeira estivesse diretamente ligada aos resultados, os países árabes ricos em petróleo, como Arábia Saudita e Dubai, teriam os melhores atletas do mundo.

O mesmo critério se estende às artes, ao mundo acadêmico e aos negócios. A vontade maior de ganhar dinheiro não torna ninguém mais sábio ou mais talentoso. Na verdade, apesar da glamurização da riqueza em nossa sociedade, ficar rico geralmente só prova que a pessoa consegue ganhar mais dinheiro do que a maioria.

O valor dos relacionamentos

Uma enquete com colegiais dos Estados Unidos mostrou que para eles, mais importante que as coisas que o dinheiro poderia comprar, era ter amigos e se sentir integrado e respeitado pelos colegas. Ser um astro nos esportes, por exemplo, causaria mais admiração do que dirigir um carro último tipo.

Parece evidente que, mesmo entre jovens de uma sociedade superconsumista, como a norte-americana, o dinheiro é desejado como um meio de se atingir um fim, mas não é considerado mais importante do que esse fim, que é ter amigos, ser popular e atrair o sexo oposto.

Um rapaz brasileiro que fez intercâmbio em uma pequena cidade da Virginia, nos Estados Unidos, e se tornou popular pelo seu desempenho no tênis, surpreendeu-me ao dizer que lá o dinheiro é menos importante do que no Brasil. "Ricos e pobres estudam na mesma classe, não há discriminação. Você pode ser popular por ter dinheiro ou por se destacar em alguma coisa, mas também há ricos considerados *geeks* (bobos)."

As informações acumuladas a respeito das relações dos jovens com o dinheiro permitem concluir que nas nações mais pobres, com baixos índices de educação, o apego a ele é maior do que nos Estados Unidos e outros países essencialmente capitalistas.

Pais cujos filhos brasileiros estão prestes a serem enviados para um intercâmbio nos Estados Unidos são prevenidos pelas empresas do setor para que não exagerem na verba mensal enviada aos filhos, pois isso pode causar constrangimento nas famílias que os recebem, além de prejudicar o relacionamento com os outros estudantes.

Acontece que o jovem norte-americano é educado para trabalhar a fim de receber suas primeiras remunerações. Ele corta grama, leva cachorros para passear, lava carros, trabalha como salva-vidas, *baby-sitter*, monitor em acampamento de crianças, enfim, dispõe-se a tarefas modestas para angariar, ao fim do mês, algo em torno de 50 dólares.

Porém já houve casos de famílias brasileiras enviarem mais de mil dólares por mês para seus pimpolhos, estimulando-os a não fazer nada e ainda gozar de privilégios impensáveis aos adolescentes do país anfitrião.

A vulnerabilidade dos jovens pobres

Essa distorção na maneira de entender o relacionamento dos norte-americanos com o dinheiro gera excessos em outros países. Em Bangalore, cidade indiana que tem crescido assustadoramente graças a grandes empresas de informática, duas irmãs entrevistadas por um jornal dos Estados Unidos disseram admirar mais Bill Gates, dono da Microsoft, do que um líder local. Explicação: "Gates é mais rico e mais famoso".

Na mesma matéria, uma garota disse que antes comprava roupas sem se preocupar com a marca, mas desde que conseguiu um bom emprego em uma empresa multinacional de *telemarketing* e teve mais dinheiro para gastar, passou a vestir apenas roupa de grife.

A influência do estilo norte-americano de viver propaga-se rapidamente entre os indianos, principalmente entre os mais jovens. Recentemente, comemorou-se o primeiro dia dos namorados na Índia, uma influência ocidental para aumentar o consumo de presentes. Os adultos veem nisso um risco à cultura milenar do país.

Com uma população de 1,1 bilhão de habitantes, a Índia faz parte do BRIC (Brasil, Rússia, Índia e China), grupo de nações que rumam para o Primeiro Mundo. Mas o caminho é longo. Sua classe média, com 300 milhões de habitantes, é igual à população dos Estados Unidos. Por outro lado, há também 300 milhões de indianos que vivem abaixo da linha da pobreza.

O mesmo contraste se vê na gigantesca China, com 1,3 bilhão de habitantes; no Brasil, com 190 milhões; e na Rússia, com 141 milhões — para só falar dos Países do BRIC. Assim, a maior inquietação para o futuro não é como os homens do primeiro mundo vão lidar com o dinheiro, mas sim como o farão os líderes das nações em crescimento, hoje adolescentes fascinados pelo poder do capital.

Não é segredo para ninguém, muito menos para os gênios da propaganda, que é na juventude que surge a revolta contra a autoridade e o questionamento dos valores e das tradições transmitidas pelos antepassados. Por isso, o jovem dos países mais pobres é tão vulnerável à publicidade sedutora da sociedade de consumo. Além de viver uma etapa da vida naturalmente marcada pela rebeldia, pela oposição ao *status quo*, ele não tem a educação necessária para entender o que está acontecendo.

Egoísta, como é típico de sua idade, esse jovem do terceiro mundo relegará as tradições de seu povo, se for preciso, em troca da sensação imediata de prazer e felicidade que o poder de compra lhe dá. Roupas de grife, dinheiro para se divertir e carro são facilidades que, convenhamos, fazem um rapaz ou uma garota de qualquer parte do mundo se sentirem poderosos. O que não é ruim. O mal está em colocar, a partir daí, a caçada pelo dinheiro como prioridade na vida. Um dia se descobrirá que o essencial não se compra. Mas aí talvez seja tarde para recuperar o tempo perdido.

O trabalho, o dom, o prazer

Lembro-me bem, porque me marcou. No último ano da faculdade de jornalismo, uma colega me disse que só tiraria o diploma para pendurá-lo na parede, pois ganhava bem como secretária e não estava disposta a largar o emprego em troca de estágios mal remunerados. A impressão que tive, e que guardo até hoje, é que ela fez um mau negócio ao abandonar a carreira que escolheu apenas por um salário maior.

O dinheiro e a segurança não deveriam ser critérios para se escolher uma atividade para toda a vida. É compreensível que, em um País como o Brasil, em que a maioria dos desempregados são jovens até 24 anos, a ansiedade por uma vaga faça com que qualquer ocupação seja bem-vinda. Porém, mais cedo ou mais tarde, essa carreira equivocada cobrará seu preço.

Uma pesquisa feita em 2001 pelo Instituto de Pesquisas Sociais, Políticas e Econômicas (Iespe) concluiu que 18% dos trabalhadores brasileiros querem mudar de profissão, 28% atuam em áreas para as quais não se prepararam e 29% não sabem ao certo se gostam do que fazem. Ou seja: apenas 25%, ou um quarto, trabalham no que gostam.

O problema é sério, alertam os psicólogos, pois, quando chegar à meia-idade, essa pessoa poderá perder a motivação para trabalhar e, nos casos mais graves, para viver. Passar a maior parte do tempo envolvido com assuntos que na verdade não nos agradam deve ser realmente frustrante.

O remédio para evitar tanta energia mal dirigida é estar bem consciente da profissão que se quer. Para isso, é preciso conhecê-la bem antes de se entregar a ela de corpo e alma, mas poucos jovens ingressam na faculdade convictos da carreira que, teoricamente, estão iniciando.

Nessa fase importantíssima de decisão do destino profissional, todas as precauções devem ser tomadas. Quem ainda está em dúvida precisa fazer testes vocacionais sérios, conversar com quem trabalha na área, manter contatos preliminares com a atividade (visitas a empresas, estágios ou mesmo trabalhos não remunerados, só para aprender e sentir se há empatia). É inadmissível fazer uma escolha crucial dessas, envolver anos de estudos e gastar um dinheiro considerável para depois começar tudo de novo. Tudo bem que conhecimento nunca é perdido, mas ao menos os jovens deveriam ir para o vestibular convictos de que estão optando pela carreira que amam.

Contudo, muitos seguem os amigos, decidem-se pelas profissões da moda ou se deixam pressionar pelos pais. Talvez até façam uma boa faculdade, mas só ao entrar em contato com o mundo real da profissão é que percebem o erro. Aí, o remédio seria graduar-se em outra área, mas, acomodados, muitos deixam por isso mesmo e prosseguem infelizes para sempre.

Esse fenômeno não ocorre apenas nos países mais pobres, em que o desemprego prolifera e seguir a vocação soa como um luxo. Um teste feito pela internet por uma empresa seguradora constatou que 75% dos britânicos podem estar na profissão errada.

No teste, os internautas tinham de escolher com qual figura se identificavam: quadrado, círculo, triângulo ou um símbolo curvo (como o sinal de trânsito que indica pista sinuosa). Depois, escolhiam uma cor entre as sugeridas. A combinação da figura e da cor levava a uma análise do perfil psicológico e à profissão indicada para cada um. Como no Brasil, apenas 25% se encaixavam na profissão que exerciam (se quiser fazer o teste britânico, acesse www.bupaworld.com/html/).

Na verdade, ter a certeza de que está na profissão certa é apenas o primeiro requisito para ser feliz no trabalho. Aquele que, na prática, se revela ainda mais importante é o relacionamento com as pessoas, principalmente com os chefes. No mundo real das corporações, mais do que a competência técnica do funcionário, vale o julgamento, subjetivo, que os superiores fazem do seu caráter.

Felizes ou não com a atividade que exercem, estudos mostram que 87% das pessoas empregadas se dizem insatisfeitas com seu trabalho por motivos que vão desde problemas com o chefe até a falta de confiança nos colegas. Outra causa importante é a falta de reconhecimento por seu desempenho.

Outro dado alarmante tem a ver com demissões. Ao contrário do que se imagina, a maior parte delas (2/3) se deve aos chefes e não às empresas. A maior queixa dos demissionários está ligada ao comportamento instável dos seus líderes, ora paternalistas, ora autoritários. Assim, "fazer o que gosta" é uma expressão simplista para equacionar a relação ideal do homem com o trabalho. Mesmo atuando em uma atividade que nos é agradável, ainda restará a necessidade de nos ajustarmos ao grupo e às lideranças.

Além disso, mesmo que não atue na profissão de seus sonhos, uma pessoa pode ser feliz se trabalhar em um ambiente estimulante, com pessoas confiáveis e solidárias e uma chefia justa.

Sentir-se satisfeito profissionalmente não significa ter uma vocação destacada para determinada profissão e a fortuna de exercê-la (mesmo os testes vocacionais mais sofisticados indicam que a maioria das pessoas pode se sair bem em mais de uma atividade). Talvez mais importante do que fazer o que gosta seja gostar do que faz.

A partir do momento em que nos conscientizamos do valor de cada tarefa, a frustração por exercê-las não só diminui como pode ser revertida. Quem pode assegurar, por exemplo, que escritores são mais importantes do que cozinheiros?

Quem tem a cabeça voltada para uma vida simples costuma encarar o trabalho como a concretização de um dom — a maneira de transformar várias horas por dia em uma atividade gratificante —, mas sabe também que ele, qualquer que seja sua natureza, tem um valor inestimável pela maneira honesta e digna que representa de propiciar o sustento e o desenvolvimento das pessoas.

Dinheiro para viver ou viver para o dinheiro?

A sociedade de consumo induz as pessoas a passar a melhor parte da vida trocando tempo por dinheiro. Tempo para brincar com os filhos, fazer as refeições com a família, ler, praticar um esporte, tirar férias... Tudo isso é substituído por sábados no escritório, feriados de plantão, reuniões além do expediente, cursos de aperfeiçoamento, palestras, viagens de negócios... Depois, a partir da meia-idade, tenta-se refazer a troca e comprar o tempo de volta com o dinheiro que provavelmente foi acumulado. Mas será essa a opção mais inteligente?

Bem, para a maioria não é questão de ser mais inteligente ou não. Simplesmente não há alternativa, dizem os executivos que querem se destacar em suas carreiras. Os consultores concordam que, no mercado profissional dinâmico de hoje, quem trabalhar menos de 11 horas por dia não terá chances de galgar postos importantes.

De todos os vícios que destroem o corpo e a mente do homem, o que faz mais estrago é o trabalho compulsivo, justamente o mais incentivado. A sociedade estimula o prazer pela labuta constante e em troca acena com o sonho de fortuna e poder.

O dinheiro, como o torpor do álcool, é a recompensa mais agradável para quem vende sua alma ao trabalho. As primeiras sensações ao obtê-lo são tão boas que podem transformar desleixados cabeludos em executivos impecáveis. A partir daí, tornar-se um dinheirista pode estar a um passo.

É na juventude que muitas pessoas decidem tornar-se ganhadoras de dinheiro. Escolhem a carreira, o trabalho, os amigos, o clube e até o cônjuge seguindo esse critério. Como se traçassem um roteiro cuidadoso, fazem de tudo e de todos degraus para alcançar a fortuna. Alguns chegam lá. Porém, mesmo depois de alcançar seus objetivos, não conseguem parar.

Aí está a grande patologia associada ao dinheiro: essa ansiedade constante por ganhá-lo mais e mais, essa impossibilidade de parar de correr atrás dele, como o burro que corre atrás da cenoura. Felizmente, porém, chega um momento em que a maioria percebe o buraco em que está se metendo.

A Federação Paulista de Tênis tem uma estatística interessante: a maior parte dos federados se divide em duas faixas de idade: a que começa na infância e vai até os 18 anos e a depois dos 40. Ou seja: só depois de cerca de 20 anos de trabalho duro é que o homem se dá ao luxo de voltar aos seus prazeres da adolescência.

Nesse período de "fazer o pé-de-meia" o sujeito se distancia de seus filhos e, não raramente, da própria companheira. Será essa uma das razões de tantos casamentos fracassados? Provavelmente. Mas ele dificilmente se dá conta da situação até que o desastre aconteça e, mesmo depois dele, ainda continuará priorizando sua vida profissional.

Colocar o trabalho e, consequentemente, o dinheiro em primeiro lugar pode provocar situações absurdas. Imagine um líder de renome no mundo corporativo que, sempre que pensa em parar, recebe uma proposta irrecusável para enfrentar novos desafios. Se ele não tiver coragem de dar um basta, provavelmente viverá sem tempo para nada e terá menos momentos de sincera felicidade do que o seu caseiro.

A combinação de salários altos e benefícios exagerados é tão sedutora que foi batizada de "algemas de ouro". O termo define a situação em que o cargo agrega tantas mordomias (carro do ano, verba de representação, passagens para as férias...) que o executivo chega a ser pressionado pela família para não sair do emprego.

Assim, quando se der conta, nosso herói já terá assegurado um futuro tranquilo para os filhos, quem sabe para os netos, enquanto ele próprio mal terá tempo de passar um fim de semana na imensa casa de praia ou dar uma volta no iate que está há um ano ancorado na marina.

Poupar: essa é a maneira de domar a fera

Por mais que pareça fácil para algumas pessoas, ganhar muito dinheiro honestamente é bastante complicado. Porém, mesmo para aqueles que não têm rendimentos invejáveis, é possível alcançar um nível de vida excelente desde que se respeite o que se ganha.

A pior coisa que pode acontecer na relação com o dinheiro é o sujeito estabelecer para si um alto padrão de vida, incompatível com seus ganhos. A segunda pior coisa é estabelecer um alto padrão de vida, quaisquer que sejam seus ganhos.

Em nenhuma hipótese, manter padrões excessivamente elevados é recomendável para quem quer ter uma existência tranquila. Por mais que se ganhe, o volume de despesas exercerá uma pressão contínua, que a qualquer momento poderá transbordar devido a uma previsível dificuldade nos negócios.

A frustração de ser obrigado a baixar drasticamente o nível de vida pode ser evitada por quem mantém uma relação de respeito com o dinheiro. E o que vem a ser respeitar o dinheiro? Simples: é estar consciente de que ele é importante, qualquer que seja a sua quantidade.

Para um milionário, cinco mil reais significam muito pouco, mas para o universo de um trabalhador brasileiro é um salário capaz de lhe proporcionar uma vida digna... Ou não. Tudo vai depender de como o trabalhador tratar esse rendimento.

Uma amiga foi orientada pelo pai a guardar mensalmente 10% do seu salário e continua seguindo à risca essa recomendação, com ótimos resultados. Ela é a prova viva de que poupar, mesmo que uma pequena quantia por mês, pode gerar resultados incríveis ao longo dos anos.

Pena que as escolas não ensinem o básico da administração financeira aos jovens. Se tivessem alguma orientação antes de receber os primeiros salários, estariam mais bem preparados para lidar com o dinheiro e não se entregariam de corpo e alma às tentações do consumo.

É evidente que se as pessoas de menor renda gastassem seu dinheiro de maneira mais racional, haveria menos problemas sociais. Mas a sociedade de consumo não deixa as pessoas pensarem. Bombardeadas pelas mensagens hipnotizantes da publicidade, o povo corre aos *shopping centers*, entra em consórcios, faz crediários e paga o dobro pelos bens que poderia comprar à vista se tivesse um pouco de paciência.

Um amigo disse que na Europa as pessoas poupam durante anos para comprar um imóvel ou montar um negócio. No Brasil, surpreende-se ele, abrem-se negócios sem capital, à custa de empréstimos.

Desde que possa pagar a prestação, o brasileiro compra. Ele é capaz de contribuir com o dízimo para uma seita religiosa, mas não tem ânimo para estabelecer o hábito sagrado de poupar uma pequena parte do que ganha. Uma pena, pois poderia ter uma velhice tranquila e deixar uma pequena fortuna para seus herdeiros.

No momento, as montadoras brasileiras de automóveis têm batido recordes de vendas. Mas isso não quer dizer que as pessoas estão ganhando mais. O que está acontecendo é que os prazos de pagamento foram esticados a perder de vista.

O modelo Mille Fire 1.0 Flex duas portas, um dos mais baratos, custa 23.400,00 reais à vista, mas pode ser adquirido, pelo consórcio, em 120 prestações mensais de 264,15 reais. Pois bem. Esse mesmo valor, aplicado pelo mesmo período, com taxas da caderneta de poupança (0,7%), renderia 49.764,56 reais, mais do que o dobro do valor do carro.

O milagre dos juros compostos só exige paciência, constância e disciplina. Quem as tem é premiado regiamente. Por exemplo: alguém que guarde 500 reais por mês por 26 anos, a juros de 1% ao mês, acabará milionário, pois terá ao final desse tempo um total de 1.075.556,02 reais.

É muito guardar 500 reais? Mesmo após ler este livro e cortar os supérfluos, será que não dá para poupar esse valor todos os meses? Não? Está bem. Então, vamos reduzi-lo para 350 reais. Mas vamos calcular 35 anos, que é o tempo previsto para a aposentadoria do trabalhador brasileiro. A que resultado chegamos? 2.273.344,17 reais! Isso mesmo! Dois milhões, duzentos e setenta e três mil, trezentos e quarenta e quatro reais e dezessete centavos!

Por aí se vê como o hábito de poupar muda o destino das pessoas e de seus herdeiros. Se você ficou interessado e quer fazer seus próprios cálculos, entre nos sites www.bcb.gov.br/?APLICACAO ou www.webcalc.com.br e constate a magia da multiplicação por meio dos juros compostos.

O adepto da vida simples não subestima o poder do dinheiro, mas também não o idolatra. Ele ganha o suficiente para viver bem, tem paciência e sabedoria para poupar e sabe que agindo assim está conquistando mais com menos, o que lhe dará em troca muito mais tempo para aproveitar a vida. Ele sabe, enfim, que não importa quanto ganha, mas como gasta o dinheiro.

A felicidade que se compra

Há, realmente, um tipo de felicidade que se compra. Ele foi confirmado por um estudo realizado por pesquisadores da University of British Columbia (UBC) e da Harvard Business School e publicado na Revista *Science*. Na experiência, alguns voluntários foram divididos em dois grupos, que receberam dinheiro dos psicólogos da UBC. As pessoas do primeiro grupo foram orientadas a gastá-lo com elas mesmas, enquanto as do segundo deveriam fazê-lo com outras pessoas. No final, os que gastaram com outros estavam mais felizes, na média, do que os que gastaram com eles próprios.

Outro estudo semelhante foi feito com 16 funcionários da Harvard Business School e chegou à mesma conclusão, ou seja, de que aqueles que gastaram suas bonificações com outros se sentiram mais felizes do que os colegas que não dividiram seu dinheiro.

Os resultados dessas pesquisas são empolgantes, pois provam que sem o exercício da generosidade não haverá esperança para a espécie humana. Abrir mão de algo a favor do próximo e, mais do que isso, sentir-se feliz pela atitude é um gesto que enobrece o homem.

Por mais que alguns estudiosos defendam que a agressividade foi a maior responsável pela sobrevivência e o posterior apogeu do *Homo sapiens*, eu prefiro acreditar que foi a solidariedade, além da inteligência, que nos fez prosperar acima das feras que habitavam o planeta.

O homem, normalmente, se sente feliz em ajudar. Em outubro de 2002, os moçambicanos, habitantes de um dos países mais pobres do mundo, deram uma demonstração de tocante gratidão. No ano anterior, vítimas de enchentes devastadoras, eles tinham sido socorridos pela poderosa Alemanha, a terceira potência da Terra. Um ano depois, foram os alemães que padeceram com inundações catastróficas, e, para ajudá-los, os moçambicanos organizaram nos arredores de Maputo um concerto que atraiu cinco mil pessoas. Oito bandas tocaram ritmos africanos e a arrecadação do *show* foi doada às vítimas alemãs por meio da Cruz Vermelha.

Mesmo sufocados pelos apelos oportunistas da sociedade de consumo, felizmente ainda elegemos nossos heróis pelos valores morais. Uma enquete apresentada em um congresso nacional há três anos revelou que, para 78% das pessoas, a qualidade que o brasileiro mais valoriza é a honestidade.

Exemplos não faltam para comprovar essa qualidade nata de boa parte dos brasileiros. Volta e meia os jornais noticiam essas demonstrações elogiosas de decência de gente que, mesmo muito humilde e naturalmente precisando de dinheiro para suas necessidades básicas, é capaz de achar uma bolada e devolver ao dono.

O lixeiro Carlos dos Santos encontrou 500 mil reais e devolveu, assim como o projetista Antonio Rodrigues, que achou 200 mil reais. O técnico em telecomunicações Eduardo Jesus Teixeira, com salário de 800 reais a 1 mil reais e dívida de 16 mil reais para quitar seu imóvel, achou 17,2 mil reais e devolveu. "A pessoa que perdeu também deve estar precisando", explicou.

Há muitos outros brasileiros que acreditam no ditado "quem rouba um tostão, rouba um milhão", mas nem todos são compreendidos. O lixeiro Sebastião Breta, o Tião, 43 anos, ficou deprimido com as críticas que recebeu por ter devolvido os 12 mil reais que achou no lixo de Cariacica, Espírito Santo. Ao saber de sua história, o padre Luiz Roberto Di Lascio, de Campinas, iniciou uma campanha para conseguir o mesmo valor devolvido por Tião.

Cerca de 30 pessoas fizeram doações e arrecadou-se o valor de 12.366 reais, entregues pelo padre Di Lascio ao emocionado Tião, que com esse dinheiro planejava "comprar uma terrinha" e tratar um problema que tem na coluna. "Seu gesto foi uma vitória dos valores éticos e morais", disse o padre. "Tião representa centenas de milhares de pessoas que fazem o mesmo. Aqui está a grande verdade, a lei de ouro mundial, que serve para todas as religiões: fazer ao outro aquilo que quer que façam para você", afirmou.

Realmente o faxineiro Tião teve um gesto digno de um legítimo adepto da vida simples, de alguém que nunca colocará a ambição pelo dinheiro acima da honestidade. Ele mostrou que a única felicidade que o dinheiro realmente compra é a de fazer alguém feliz.

A CASA E O LUGAR

Apesar de o sonho de consumo da maioria das pessoas ser morar em uma casa grande, espaçosa, não há nenhuma evidência de que o homem tenha se acostumado a viver em locais amplos. Ao contrário. Descendentes de macacos que somos, vivíamos agrupados em cavernas, espremidos mesmo, e ainda felizes por nos sentirmos protegidos pela companhia de nossos semelhantes. Portanto, já adotávamos um dos fundamentos da vida simples, que é viver em espaços relativamente pequenos.

Quando quisermos saber o que combina ou não com a índole humana, é só remetermo-nos aos princípios de nossa espécie. Se o *Homo sapiens* surgiu entre 130 e 200 mil anos atrás, se por sua vez descendia do *Homo erectus*, cujos fósseis datam de 1,5 milhão de anos, que por sua vez descendia do *Homo habilis*, o "habilidoso" — o primeiro a usar ossos, madeira e pedra lascada como ferramentas —, que viveu há dois milhões de anos, então sabemos que durante todo esse tempo nos acomodamos em cavernas, provavelmente sem a preocupação com suítes ou varandas *gourmet* (talvez o pé-direito alto já fosse uma referência importante).

A moradia urbana ganhou ares parecidos com a atual somente durante a democracia ateniense, no século 5º antes de Cristo. Normalmente térrea, embora houvesse estruturas com dois pavimentos, a casa possuía um pátio interno e ocupava uma área de 150 a 250 metros quadrados.

Mas a maioria da população não gozou de muito espaço em nenhuma época da história humana. No livro *Os Miseráveis*, do escritor francês Victor Hugo, há uma referência, no quarto capítulo, sobre as habitações populares francesas do século 19: seriam 1.320.000 casas de camponeses com apenas três aberturas (normalmente uma porta e duas janelas); 1.817.000 com apenas duas aberturas e 346.000 sem janelas. Contando-se a média de quatro pessoas por domicílio, teremos 13.932.000 franceses vivendo de forma bem modesta.

O conforto também sempre deixou a desejar. Banheiro, por exemplo, é algo bem recente na história humana e até meados do século 20 a maioria deles ficava em uma edícula, separada do corpo da casa. Para a higiene pessoal, os quartos reservavam um espaço para o toucador, geralmente com jarros, bilhas de água e uma bacia de louça branca. E, para evitar saídas noturnas ao relento, embaixo das camas escondia-se o popular penico.

Construídos em uma época na qual o automóvel era raro, os prédios antigos não tinham garagem nem lavabos ou suítes. Varanda *gourmet*, então, era inimaginável. Enfim, o sonho da classe média de comprar a maior e mais moderna casa possível é mais um produto da fábrica de tentações da sociedade de consumo.

Aparentemente, não há nada contra o fato de se querer viver com mais espaço. Porém, além de uma residência maior produzir mais lixo e gastar mais energia, outros pontos devem ser avaliados antes de se decidir pela compra, tais como:

- a família realmente precisa de mais espaço ou está tomando a decisão por uma questão de *status*?
- a casa terá moradores suficientes por um tempo que justifique tal investimento ou logo ficará restrita ao casal?
- as despesas com manutenção e impostos não alterarão substancialmente o orçamento familiar?

Essas perguntas são pertinentes porque há o risco de as casas grandes se tornarem tristes elefantes brancos. Propícias para memoráveis reuniões de família quando os filhos ainda são jovens e os netos pequenos, acabam se transformando na velha casa dos avós, cada vez menos visitadas e mais necessitadas de manutenção, até finalmente virarem motivo de brigas pela herança ou serem alugadas como ponto comercial.

Ao menos nas cidades, esse tipo de casa com muito mais quartos do que pessoas não funciona mais. Há lugar mais triste do que uma casa imensa despovoada? Reflita comigo: se elas dessem idéia de felicidade, seriam as mais usadas nos filmes de terror?

Não é por nada, mas será que os índios do Alto Xingu não são mais felizes em suas ocas de madeira, com teto de palha, onde todos os membros da família, cerca de 30 pessoas, vivem no mesmo espaço de 16 metros de comprimento, 12 de largura e 6 de altura, brincando com seus filhos, fazendo amor com suas mulheres e convivendo com pais e irmãos?

Reconheço que estou tentando demovê-lo da idéia de ter uma casa, ou um apartamento, de grandes dimensões. Além de exigirem um investimento que pode sugar boa parte do seu tempo durante anos, não combinam com o estilo de vida de um adepto da simplicidade voluntária, porque agridem mais o meio ambiente, ocupam mais espaço e não vão lhe ajudar a ser feliz, pois não interferem em nada do que é realmente essencial.

Morando em um lugar pequeno, você terá mobilidade maior, não só porque será mais fácil desfazer-se do imóvel, quando quiser, mas porque lhe sobrará mais dinheiro para lazer, educação, viagens, enfim, qualidade de vida.

Neste mundo superpovoado, não faz mais sentido morar em casas enormes, ao menos em centros urbanos. Não é ecológico. Nenhum cérebro precisa de espaço exterior para conectar seus neurônios e a felicidade não se mede por metros quadrados.

Casinhas preciosas

Poucas estruturas arquitetônicas são tão simples e eficientes como o iglu. Usados como cabanas de caça pelo povo inuíte, são construídos com a sobreposição de cubos de neve cortados do chão. Cada fila de cubos é um pouco mais estreita do que a anterior, deixando apenas um pequeno orifício na abóbada, para a fumaça sair. Feito de forma com que tudo esteja ao alcance das mãos e possa ser facilmente encontrado, mesmo no escuro, o iglu protege os caçadores do vento e do frio e permite que se alimentem, realizem consertos, descansem e durmam. Minúsculo, suas paredes são erguidas sobre um círculo cujo diâmetro tem apenas 1,50 m.

É improvável que haja um lugar para morar, mesmo que temporariamente, menor do que um iglu. No entanto, cumpre com a tarefa de dar abrigo ao homem e proporcionar-lhe momentos de conforto.

Não se pode sugerir que as pessoas troquem suas casas por iglus de menos de três metros quadrados (nem os inuítes o fazem, pois, repito, ele é construído apenas durante as caçadas), mas está na hora de repensar as dimensões de uma moradia ideal.

Enquanto para milhões de terceiro-mundistas o melhor lugar para se morar tem de ser grande, em Manhattan, o coração da capital do capitalismo, apartamentos usados de 50 metros quadrados são disputados a ferro e fogo. Se for um estúdio, o preço variará entre 500 mil dólares e 550 mil dólares. Mas se tiver porteiro e elevador, não sairá por menos de 650 mil dólares. Isso, sem vaga de garagem.

A falta de espaço é tão grande na região nobre de Nova York que há filas de espera para comprar vagas em estacionamentos. Os que chegam primeiro têm o "privilégio" de pagar algo em torno de 225 mil dólares por uma.

Dessa forma, um apartamento de 50 metros quadrados, com vaga de garagem, em Manhattan, acaba custando 875 mil dólares, o equivalente a 1.435.000 reais (o suficiente para comprar cinco *flats* no bairro da Aclimação, em São Paulo, cada um com 70 metros quadrados, dois quartos e duas vagas de garagem).

Entre os lugares com os imóveis mais caros do mundo, além de Manhattan, estão as principais cidades européias e algumas asiáticas, como Tóquio e Hong Kong. Nessa última, o arquiteto Kacey Wong arrumou um jeito criativo de protestar, ao construir uma pequena casa sobre um triciclo. "Hong Kong é superpovoada e pagamos muito por um lugar muito pequeno", disse ele, que usa sua "casa" — com uma porta, uma janela e um sofá-cama — para dormir em diferentes regiões da cidade.

Quando se sabe que no Brasil a moradia não é tão cara, fica-se diante de duas maneiras de se comparar a realidade nacional com os exemplos de Manhattan e Hong Kong. Ou pensamos: "Que ótimo, com o dinheiro que eu compraria um apartamento minúsculo por lá posso viver em uma mansão aqui". Ou: "Se lá eles pagam fortunas para viver em espaços pequenos, posso morar em uma casa maior do que a deles aqui e ainda me sobrará um dinheirão para fazer outras coisas".

Eu, particularmente, prefiro a segunda visão. Se instruídos cidadãos do primeiro mundo pagam muito caro para viver em casas pequenas, por que não podemos pagar bem menos para morar nas nossas cidades em casas razoavelmente maiores do que as deles? Essa pergunta leva a um dos fios condutores deste livro, que é a mania do habitante do terceiro mundo de ser mais realista do que o rei, ou seja, de querer viver com mais conforto e mais mordomias do que o habitante dos países mais ricos do mundo. O que é um enorme contrassenso.

Se nós vivemos em um País em que há sol a maior parte do ano, em que a natureza é belíssima e em que o simples fato de caminhar pelas ruas pode ser bem agradável, por que precisamos investir o que não temos para erguer os muros de nossas próprias prisões?

Muitos já questionam essa filosofia do "quanto maior, melhor" e a cada dia há mais pessoas que optam por viver em espaços menores, com economia e sem perder a qualidade de vida. Profissionais de arquitetura e engenharia estão se especializando nesse tipo de moradia.

Um caso interessante é o do uruguaio Mario Quintana, engenheiro de Porto Alegre que resolveu construir uma pequena casa no litoral catarinense, para onde precisava viajar todo fim de semana. "Ficava em pousadas, mas cansei. Quis um canto meu", explicou Mario, que, com apenas 21 mil reais e em 70 dias construiu uma casinha de praia charmosa — que ele próprio desenhou, inspirada nas casas de pescadores de Punta del Este —, com dois pavimentos de 5,5 metros quadrados, fora as varandas e o *deck*.

Para baratear a construção, a casa tem banheiro no térreo, o que evitou os encanamentos até o andar de cima; os tijolos e lajotas foram comprados na região, para evitar as despesas com frete; e os conduítes foram deixados à vista, para reduzir os custos de mão de obra e material e facilitar a manutenção.

Mas o engenheiro uruguaio não foi tão original. Em 1997, após conhecer a residência minúscula que o construtor Jay Shafer fez para si, o norte-americano George Johnson uniu-se a ele para lançar o movimento Small House Society (www.resourcesforlife.com), que defende a teoria que casa menor, além de barata, não usa muito espaço e economiza recursos do planeta. Além do mais, permite que as pessoas tenham mais tempo e dinheiro para se dedicar a outras áreas da vida.

Mesmo pequenas, essas casas também podem ser muito confortáveis, desde que tenham móveis apropriados. Especialistas sugerem móveis multifuncionais, que se encaixem em mais de um ambiente e que tenham mais de uma função, tais como sofás-cama, bancos que possam se transformar em cama confortável e mesas extensíveis, que ocupem um espaço mínimo durante o dia e à noite possam ser utilizadas para um jantar com amigos.

Enfim, pense na ideia de trocar o sonho de uma casa imensa por um lar confortável, funcional, porém menor. Quanto menos compromisso de tempo e dinheiro você assumir para comprar sua casa, mais tempo e dinheiro você terá para si mesmo e para as pessoas que ama.

Praia e campo, as duas "alegrias"

Dizem que um sítio nos dá duas alegrias: uma quando o compramos, outra quando conseguimos vendê-lo. É compreensível. Em pouco tempo, o prazer de acordar com o canto dos pássaros e de reunir a família, com as crianças, para dias inteiros de brincadeiras e ar puro vai sendo substituído pelas incumbências naturais de ter mais uma casa.

Necessidades frequentes de manutenção; contas de água, luz, telefone, IPTU; prováveis problemas com os caseiros; cuidados com a segurança; deterioração do meio ambiente ao redor; natural afastamento de filhos e netos à medida que crescem; sem contar a monotonia de viajar todo fim de semana para o mesmo lugar... Enfim, quando perceber, você terá um imóvel com pouca liquidez e, na ânsia de vendê-lo, aceitará um valor bem inferior ao que pagou.

Mesmo casas de campo e praia bem localizadas e valorizadas não fogem muito da síndrome das duas alegrias. Uma pesquisa feita por uma empresa de *time sharing* dos Estados Unidos constatou que, em média, os norte-americanos não usam sua segunda casa por mais de 20 dias ao ano. Para os que exageram e as utilizam em todas as

férias, feriados e fins de semana, há um número bem maior que praticamente as ignora.

Se a pessoa mora em uma cidade com muitas atrações artísticas, culturais e esportivas; se volta e meia é convidada para festas e eventos; se visita amigos e familiares regularmente; e se gosta de aproveitar as folgas para conhecer lugares diferentes, então dificilmente conseguirá ser uma frequentadora assídua de sua casa de campo.

Outra questão que se apresenta é: valerá a pena comprar e manter um segundo imóvel que raramente será visitado? Para analisar melhor a questão, vamos a umas continhas básicas: pegue o preço de um imóvel médio, bem localizado, na praia ou no campo. Junte as despesas para mobiliá-lo e as contas e taxas mensais. Não se esqueça do caseiro, se houver. Multiplique a despesa mensal pelo tempo que pretende usufruir do imóvel e a some com seu valor. Exemplo: Despesa mensal (800 reais) vezes 20 anos (240 meses) igual a 192 mil reais. Mais o valor do imóvel (cerca de 200 mil reais), igual a 392 mil reais.

Isso equivale a uma viagem internacional por ano, com duração de um mês e direito a acompanhante, durante esses mesmos 20 anos. Na verdade, representa muito mais, pois se em vez de aplicar nesse imóvel a pessoa investir o dinheiro, poderá fazer muitas viagens usando apenas o rendimento dessa aplicação.

Por isso, a não ser que você nade em dinheiro, que aprecie a rotina ou que queira se mudar definitivamente para o novo imóvel, não aconselho a compra de casas na praia ou no campo. Esse dinheiro economizado (e investido) lhe dará maravilhosas oportunidades de conhecer muitos outros lugares e pessoas.

Mais seguro, mais perto

Em 2005, depois de assistir a centenas de documentários sobre animais, extraí um pouco do que podemos aprender com eles e lancei o livro *Os bichos ensinam*. Uma das lições tem a ver com moradia, e por isso tomo a liberdade de reproduzir um trecho dela:

> "Segurança vale mais do que conforto — esse é um dilema moderno, que tem afligido principalmente os moradores dos centros urbanos, onde o aumento da criminalidade faz rever os conceitos de

morar bem. Mais importante do que a casa, sua localização tornou-se vital. Para os animais, entretanto, nunca houve a menor dúvida: a maioria deles não se incomoda com pouco espaço ou condições climáticas severas, desde que vivam em um lugar onde possam criar seus filhos com segurança".

Bem, a noção de conforto dos animais é diferente da nossa. Eles pouco podem fazer para alterar o lugar em que vivem e dependem quase exclusivamente das condições da natureza. O homem tem o cérebro e a sensibilidade para transformar sua casa em um ambiente agradável e aconchegante, qualquer que seja seu tamanho ou o lugar onde se encontre.

Nos centros urbanos, a maior preocupação das pessoas se refere à segurança, o que é plenamente justificável pelas estatísticas assustadoras. Assim, um adepto da vida simples, que prioriza a paz de espírito, deve dar muita importância a esse quesito ao escolher um lugar para morar.

A tendência de querer morar no mesmo bairro onde se passou a infância deve ser friamente questionada. Em cidades como São Paulo, bucólicos bairros de periferia hoje se transformaram em lugares perigosos, onde à noite não se pode andar tranquilo.

Não tenho qualquer preconceito contra as pessoas que moram na periferia. Passei minha infância, adolescência e parte da juventude lá. Mas eram outros tempos. Podíamos brincar na rua até as dez da noite e nunca soube de um assalto, muito menos de um assassinato. Hoje, as coisas mudaram, infelizmente.

Na maioria das cidades brasileiras, é preferível morar em uma quitinete em um bairro bom e seguro do que em uma mansão em uma região precária e perigosa. Mas a boa notícia é que há muitas outras opções antes de se apelar para a quitinete.

A oferta de imóveis nas grandes cidades é vasta e diversificada. Escolhendo com carinho, dá para chegar a algo interessante e que caiba no nosso bolso. Para pagar taxas menores de condomínio, por exemplo, devem-se preferir edifícios com muitos apartamentos e, a não ser que pretenda usá-las, sem áreas de lazer.

Morar perto do trabalho é outra questão indiscutível para quem quer uma vida mais simples. Se for possível fazer tudo a pé, ou de transporte coletivo, aí passa a ser um luxo que não tem preço. O que é economizado em tempo e dinheiro (pode ser possível almoçar em casa, por exemplo) compensa possíveis desvantagens do lugar.

Uma metrópole costuma ser, na verdade, muitas cidades em uma só. Não é preciso viver em todas elas. O mais inteligente é manter sua rotina diária em uma área restrita. Concentre-se no que sua região oferece e tente tirar o melhor partido disso. Questione-se: vale a pena cruzar a cidade para levar as crianças à escola? Será que não há nenhuma tão boa quanto, mas bem mais próxima? E o clube? A academia de ginástica? O restaurante? Já analisou com carinho todas as possibilidades de seu bairro?

Uma pesquisa realizada pela Northeastern University, de Boston, publicada pela Revista *Nature*, constatou que temos a tendência de viver limitados a um raio de 10 quilômetros. Mais de 100 mil usuários de celulares foram selecionados aleatoriamente e tiveram suas chamadas monitoradas durante seis meses. Porém, dois meses depois já se podia prever em quais lugares eles estariam, pois seguiam uma rotina que os levava para os mesmos lugares, não muito distantes de sua casa.

Não é novidade alguma que nos sintamos mais calmos e seguros quando andamos em lugares que nos são familiares. Quem já se perdeu em uma região estranha, principalmente à noite, sabe avaliar muito bem quão apavorante pode ser essa sensação. Se você está sempre perto de casa, a possibilidade de se estressar diminui, ao mesmo tempo em que aumenta a possibilidade de interagir com as pessoas, como nos velhos tempos.

Casas ecológicas, verdadeiras e falsas

Se você já se definiu por morar em uma casa ecológica, rodeado de pessoas que têm as mesmas preocupações com o desperdício e o meio ambiente, tome cuidado com a expressão "condomínio ecológico", que tem sido incorporada à propaganda de vários empreendimentos imobiliários.

Estar cercado de verde, mesmo quando preservado, não dá a um condomínio a condição de ecológico. Há outros fatores importantes a ser considerados, tais como a utilização de energia renovável (sol e vento), as medidas para impedir o desperdício e a reciclagem do lixo. Sem a implementação do equipamento necessário para isso e a colaboração e participação das pessoas, ecologia não passará de uma palavra sem sentido.

Há uma tendência a favor da propagação da consciência ecológica, mas é preciso ter cuidado para não comprar gato por lebre, pois a sociedade de consumo tem o hábito de se utilizar das próprias tendências surgidas para questioná-lo. Foi assim com o movimento *hippie*, nos anos 1960, e agora com os *punks*.

Assim como as calças boca de sino, as batas, sandálias e camisetas floridas passaram das comunidades *hippies* para o guarda-roupa do jovem urbano, vendidas a prazo nos grandes magazines, as calças pretas justas, calças jeans rasgadas, jaquetas de couro com rebites e mensagens nas costas, coturnos, alfinetes, brincos e tênis *Converse* foram criados para contestar a sociedade de consumo, mas acabaram sendo engolidos por ela.

Desse modo, apesar dos belos textos e dos catálogos deslumbrantes, assegure-se de que o imóvel que estão lhe oferecendo está realmente inserido em uma comunidade que quer dar uma força para o meio ambiente. Para isso, é essencial checar se o empreendimento tem ou está pleiteando o selo Leadership in Energy and Environmental Design (Leed), criado pela ONG Green Building Council (GBC) para identificar imóveis realmente ecológicos (no Brasil, o GBC é representado por algumas empresas de consultoria, como Sustentax, Cushman e CPE).

O primeiro Leed do Brasil e da América do Sul foi dado a uma agência bancária na região da Granja Viana, cidade de Cotia, na Grande São Paulo. Sua construção levou em conta todos os critérios exigidos pelo GBC, principalmente a racionalização do uso da água, que passou a ser totalmente tratada e reaproveitada.

Nos edifícios ecológicos, como essa agência bancária, a água da chuva é captada e tratada para se transformar em potável, e a água já utilizada vai para uma estação de tratamento, onde será limpa e voltará tingida, para servir como descarga em vasos sanitários. Esses, por sua vez, têm dois acionadores: um para líquidos, com jatos de dois litros de água, e outro para sólidos, com seis litros.

Esse cuidado com a água é essencial, pois é o bem mais precioso da Terra, ao lado do oxigênio, e já é mais cara do que petróleo em alguns países. No Brasil, ainda é barata, mas nem tanto.

A água vem sendo poluída em um ritmo mais rápido do que é tratada, o que torna emergencial a popularização dos imóveis ecológicos ou sustentáveis.

No Brasil, esse mercado, que já é uma realidade em países como Austrália e Alemanha, está começando a crescer. Há cada vez mais empresas de arquitetura e construção entrando nele e encontrando um público receptivo a essas novas idéias.

Por enquanto, uma moradia totalmente sustentável, que use energia renovável (solar, eólica e biomassa), capte a água da chuva, trate seu esgoto, controle a vazão de luz e tenha móveis ecológicos, sai um pouco mais cara do que a convencional. Porém, o custo se diluirá com o tempo, por ser mais econômica, e o valor do imóvel também terá uma valorização bem maior do que a da média. Com o barateamento da construção, não haverá mais sentido viver em casas que desperdiçam e poluem.

COMER PARA VIVER BEM

Você já reparou que os alimentos mais saudáveis são também os mais baratos? Uma pessoa pode se alimentar muito bem ingerindo apenas legumes, verduras, grãos e frutas. E bebendo água. Uma dieta com poucas calorias é um ponto em comum no hábito das pessoas mais idosas do planeta. Quem quer levar uma vida simples tem de levar isso em conta.

Alguns nutricionistas defendem que uma dieta essencialmente vegetariana pode ser complementada com um pouco de leite, ovos, queijo ou iogurtes, devido ao cálcio; carne de peixe e frango, ou mesmo carne vermelha, por causa do ferro; e até algumas doses de vinho tinto, que faz bem ao sistema cardiovascular. De qualquer forma, o essencial é que tudo seja ingerido em pequenas quantidades.

Uma pesquisa feita pela National Geographic Society em parceria com a Universidade de Minnesota, nos Estados Unidos, mapeou as regiões da Terra onde se vive mais e enviou uma equipe de médicos para estudar a população desses locais. Como se esperava, a alimentação é um fator fundamental para que a cidade de Okinawa, no Japão; a Ilha da Sardenha, na Itália; Loma Linda, na Califórnia; e Nicoya, na Costa Rica, sejam os lugares com o maior número de habitantes acima de 100 anos de idade.

Os hábitos alimentares dos moradores desses quatro lugares são muito parecidos: as refeições baseiam-se em legumes e verduras e em porções menores do que o suficiente para ficar saciado. Outro detalhe comum nessas comunidades é que o índice de obesos é bastante baixo.

Várias pesquisas com animais têm comprovado que ingerir menos calorias faz viver mais e melhor. Uma delas, realizada no Centro de Pesquisas com Primatas, em Wisconsin, Estados Unidos, utilizou dois macacos adultos. O que consumia 445 calorias por dia ficou com o pêlo reluzente, postura correta e muita disposição. O outro, que ingeria o dobro de calorias, ficou enrugado e encurvado pela artrite.

No mesmo centro, dos macacos obrigados a comer menos nenhum teve diabetes, pressão arterial alta ou níveis de gordura e glicose elevados. Entre os macacos que comiam mais, quatro desenvolveram diabetes e um morreu da doença. A causa mais comum de mortes nos dois grupos foi o câncer.

Os inuítes já possuíam esse conhecimento e o praticavam com os cães de trenó, que nunca eram alimentados até se saciarem. Sabiam que, enquanto ainda tinham fome, os animais eram espertos e rápidos, mas ficavam lerdos e sonolentos se comessem demais.

Se um testemunho pessoal servir, informo que enquanto meus dotes culinários me obrigavam a comer legumes cozidos, verduras e frutas, voltei ao peso de solteiro e minha disposição era a de um adolescente — isso aos 45 anos. Foi só aprender a fazer molhos e sofisticar um pouco minhas refeições e lá se foi o abdômen de atleta.

O que se pode esperar, entretanto, de uma sociedade dominada pelas delícias do *fast-food*, em que as datas comemorativas são festejadas em restaurantes, os negócios são discutidos em almoços e a indústria de alimentos está o tempo todo maquinando novas formas, cheiros e sabores para nos encantar?

O fisiologista Nuno Cobra costuma dizer que é um crime contra o próprio corpo a pessoa jantar em uma churrascaria. Ele explica: depois ela vai dormir e o organismo fica trabalhando para digerir a carne. Mas, convenhamos, é preciso muita força de vontade para resistir às tentações da comida. Os japoneses que o digam. Depois de séculos seguindo uma dieta de baixas calorias, baseada em arroz e peixe, foi só serem invadidos pela cultura norte-americana e pela bombástica combinação de hambúrguer, batata frita e refrigerante que, em 40 anos, a obesidade passou a ser um problema de saúde no país.

Hoje, para controlar a epidemia, as empresas japonesas são obrigadas a controlar o peso de seus funcionários acima de 40 anos, que somam 56 dos 128 milhões de habitantes do País (homens terão de ter cintura de no máximo 85 centímetros, e mulher, de 90). O objetivo é reduzir em 10% os japoneses acima do peso até 2012, pois cerca de 30% das mortes no Japão se devem a problemas cardiovasculares. As empresas que não atingirem a meta pagarão mais impostos.

A atração pelo sabor, entretanto, é um sentimento atávico que acompanha a história do homem. Um documentário feito com mulheres aborígenes australianas mostrou que elas trocariam de bom grado o petisco mais apetitoso que conhecem — besouros que caçam no chão e comem vivos — por porções de sorvete de baunilha oferecidas pelo repórter. Também, pudera, o aroma (e o sabor) da baunilha é considerado o mais atraente do mundo, seguido, pela ordem, por menta, morango, laranja e chocolate, todos provavelmente bem mais agradáveis do que os besouros australianos.

A epidemia da obesidade

O homem passou tanto tempo lutando contra a fome que a conquista do alimento sempre foi motivo de festa. Ao redor da fogueira, enquanto era assado o animal abatido, havia música, dança, conversas e sorrisos. A comida sempre foi motivo de confraternização e alegria, pois representava a sobrevivência do grupo.

Mesmo países hoje desenvolvidos há seis décadas viviam o drama da escassez de alimentos devido à Segunda Guerra Mundial. Historicamente, portanto, a fome é um fenômeno recente até para as maiores nações do planeta. Isso ajuda a explicar a comilança que tomou conta das sociedades industrializadas.

As prateleiras do supermercado são planejadas para seduzir. O mesmo produto é apresentado com odores e texturas diferentes. A embalagem não apenas contém, mas já começa a vender o produto. As cores, o título, o texto, as imagens — tudo é calculado para hipnotizar. Que criança, ou marmanjo, pode passar incólume no corredor de doces e bolachas, por exemplo?

E a cada dia há mais corredores assim para serem transpostos. De, no máximo, 100 estabelecimentos na década de 1960, quando representavam de 3% a 5% das vendas no setor, hoje há 45 mil supermercados no Brasil, que abrangem mais de 70% do dinheiro que circula nesse segmento. Para onde se olha há alguém lhe oferecendo comida. Os cinemas agora vendem sacos gigantescos de pipoca e verdadeiros baldes de refrigerante.

Por isso, não é de se espantar que na sociedade norte-americana, a mais consumista do mundo, a doença que mais mata seja a obesidade, sempre associada a diabetes, pressão alta e complicações cardiovasculares. Nada menos do que 400 mil pessoas morrem todos os anos nos Estados Unidos por não terem tido força de vontade suficiente para fechar a boca. Um quinto, ou 20,4% dos norte-americanos são obesos.

Um levantamento da revista *Newsweek* concluiu que há 300 milhões de obesos no mundo, dos quais 240 milhões são diabéticos (80%). A Organização Mundial de Saúde acredita que o número de obesos se aproxima dos 400 milhões e em 2015 deverá alcançar 700 milhões de pessoas.

No Brasil, estima-se que 19% da população estão acima do peso. E a situação tende a se agravar, pois a obesidade infantil tem aumentado, segundo um estudo feito pela Universidade Estadual de Campinas (Unicamp) e publicada na *Revista Paulista de Pediatria*, que de 2000 a 2007 analisou os exames de sangue de 1.937 crianças e adolescentes de 2 a 19 anos, de ambos os sexos e de diferentes classes socioeconômicas.

O exame constatou valores acima da média do chamado colesterol ruim (LDL colesterol) e triglicérides. Para a autora do estudo, a professora Eliana Cotta de Faria, o aumento anormal de gordura no sangue está cada vez mais evidente nessa faixa etária, como resultado da mudança dos hábitos alimentares associada à redução da prática da atividade física, o que gera o sedentarismo e a obesidade. E o pior, segundo a professora, é que a doença arterial coronariana (DAC) se inicia justamente na infância.

Resultado parecido foi encontrado pela Universidade Estadual do Rio de Janeiro (Uerj), que analisou 260 alunos de 10 a 19 anos de uma escola pública carioca e constatou que 15,6% estavam acima do peso e 11,7% já poderiam ser considerados obesos. Para a médica Débora Teixeira, isso está acontecendo porque os brasileiros copiam o padrão alimentar dos norte-americanos: "muito açúcar, muito carboidrato". Nos Estados Unidos, 17% dos jovens de 10 a 19 anos são obesos.

Atingir a fase adulta com excesso de peso é a certeza de graves problemas de saúde. Além da propensão a diabetes, derrame e doenças cardiovasculares, um estudo realizado pela Academia Americana de Neurologia e publicado na edição *online* da revista *Neurology* concluiu que ter barriga avantajada por volta dos 40 anos pode triplicar a possibilidade de desenvolver o mal de Alzheimer e outros tipos de demência aos 70 anos.

Por 36 anos, os pesquisadores monitoraram 6.583 pessoas com idades entre 40 a 45 anos. Ao chegar aos 70 anos, os que apresentavam barriga grande tinham mais chance de desenvolver doenças mentais. Se o peso estivesse apenas um pouco acima do normal, a probabilidade era 2,3 vezes maior; se a pessoa, além de barriguda, fosse obesa, a chance subia para 3,6 vezes.

Para a pesquisadora Rachel A. Whitmer, o estudo mostrou que "grande concentração de gordura no abdômen em adultos mais velhos está ligada a uma atrofia maior do cérebro". Ela também informou que, em outra pesquisa, autópsias detectaram que os sinais de demência já começam a se manifestar no início da idade adulta.

Não bastasse todo o prejuízo que a obesidade traz para a própria pessoa, recentemente a Escola de Higiene e Medicina Tropical de Londres revelou que gordinhos e gordinhas ainda contribuem para acelerar o aquecimento global, pois obrigam a uma produção maior de alimentos e gastam mais combustível para o transporte delas próprias e da comida que ingerem. Os pesquisadores Phil Edwards e Ian Roberts consideraram que uma pessoa obesa necessita de 1.680 calorias diárias para manter seus níveis normais de energia e outras 1.280 calorias para as atividades diárias. Os números são 18% superiores ao de uma pessoa magra.

Assim, emagrecer não é só uma questão de elegância, mas de necessidade. Para a Organização Mundial de Saúde (OMS), está acima do peso quem tem um índice de massa corporal (IMC) superior a 25, e é considerado obeso quem tem um índice superior a 30. O IMC leva em conta a relação peso/altura. Se você quiser saber se precisa perder uns quilinhos, há sites que fazem esse cálculo, como o como-emagrecer.com/calculo-de-imc.html.

Por que comemos tanto

Se já sabemos que comida demais faz mal, por que comemos tanto? Há teorias a respeito. A primeira é a de que o homem ainda não se desvinculou totalmente da idéia de que alimento está ligado à força e força à vida. Durante milênios, as pessoas mais capazes para sobreviver eram as mais fortes fisicamente, e não se ganhava força sem se alimentar com fartura.

Pela dieta super calórica dos halterofilistas é fácil imaginar o quanto não se comia para ganhar músculos em uma época em que não havia vitaminas ou aminoácidos em cápsulas. Carne e ovos eram a base da alimentação dos fortões de outrora, dos grandes guerreiros, dos caçadores, lenhadores e afins. Quem quisesse ser forte e crescer tinha de comer muito.

Associar robustez à saúde não é um conceito tão antigo. Há 50 anos, o Brasil se mobilizava para o concurso do Bebê Johnson's, que se propunha a escolher, a cada ano, "os bebês mais bonitos e saudáveis" do País. A Johnson & Johnson recebia mais de 10 mil cartas com fotos de bebês e o escolhido, que ganhava uma coroa de ouro, era sempre gordinho.

Outro motivo que aproxima as pessoas da comida, já citado anteriormente, é o hábito milenar de comemorar comendo. É só olhar os restaurantes em qualquer data especial, como o Dia das Mães, e percebermos como o evento milenar de se empanturrar em torno da fogueira ainda persiste. A associação de comida com *status* é outra razão para a orgia gastronômica que impera nas sociedades modernas. No mundo das aparências, as pessoas também valem pelos restaurantes que frequentam. Visitar Paris e Nova York é uma coisa, jantar nos restaurantes badalados das duas cidades traz muito mais prestígio.

A publicidade e a mídia sabem muito bem usar essa fraqueza de uma parte da sociedade. Volta e meia estão elegendo a melhor feijoada, a melhor lasanha, a melhor isso e aquilo, tornando a degustação dessas maravilhas uma condição essencial para a sobrevivência humana.

São Paulo, por exemplo, é uma das cidades com mais opções gastronômicas do mundo. Tantas que se alguém almoçasse e jantasse fora todos os dias precisaria de 14 anos para conhecer todos os seus restaurantes (e obviamente teria de começar tudo de novo, pois nesse ínterim muitos outros seriam abertos). Portanto, quem quiser ficar atualizado com as tendências culinárias certamente terá de trocar o cinto.

Por fim, sem contar a predisposição genética, presente em todas as características físicas, o que mais tem levado as pessoas a comer demasiadamente é o *marketing* ligado aos alimentos. Como se houvesse uma conspiração para nos fazer comer mais do que necessitamos, a indústria cria cheiros e sabores sedutores e elabora embalagens convidativas; a propaganda faz com que experimentar esses petiscos se torne questão de vida ou morte; e, finalmente, os supermercados colocam esses produtos bem à frente de nossos olhos.

Não é à toa que o mercado mundial de *snacks* (salgadinhos e balas) está crescendo a um ritmo entre 5% e 6% ao ano. No Brasil, onde mantém um consumo estável, que cai apenas cerca de 7% nos meses de férias escolares, em julho e dezembro, estima-se que apenas os salgados rendam em torno de 500 milhões de reais anuais (e os especialistas do setor acham que ainda é possível crescer 50%).

No setor de biscoitos, o Brasil é o segundo produtor mundial, com 1,1 mil toneladas, e faturou 7,4 bilhões de reais em 2007, mas há a perspectiva de que as quase 600 indústrias brasileiras alcancem uma produção de 1,6 mil toneladas, ultrapassando os Estados Unidos. O brasileiro come, em média, seis quilos de biscoito por ano, o que o deixa em décimo sexto no *ranking* mundial. O maior comilão é o holandês, que devora 18,72 quilos de bolachas a cada ano.

Ao menos por enquanto, os brasileiros também não estão entre os primeiros do mundo no consumo de batatas fritas e refrigerantes. Consomem, em média, três quilos de *chips* por ano, bem menos do que alemães e norte-americanos, que comem 40 quilos. Quanto aos refrigerantes, o brasileiro bebe, em média, 66 litros ao ano, o que o coloca em décimo segundo lugar no planeta.

O problema é que tanto as indústrias de *snacks* e refrigerantes como as de outros alimentos engordantes, como cervejas e iogurtes, têm ambiciosos planos de crescimento para os próximos anos e contarão com apoio maciço da propaganda para nos convencer de que nossa vida não será completa sem o sabor daquele determinado salgadinho crocante.

Quando sentir que não vai dar para resistir, fatie um pepino ou uma cenoura, prepare um suco de laranja ou uma limonada e entre na onda dos *snacks* naturais. Você perceberá que também são saborosos, não pesam no estômago e não encurtam a sua vida.

Comer quase nada

Em 1991, um grupo de cientistas foi encerrado em uma redoma a fim de passar dois anos comendo apenas o que era produzido lá dentro. O projeto, denominado Biosfera 2, acabou fracassando, mas um dos participantes, o gerontologista norte-americano Roy Walford, sugeriu aos colegas que se submetessem a um regime de poucas calorias e passou a acompanhar os efeitos dessa dieta sobre a saúde de cada um.

Comer pouco fez tão bem aos participantes do experimento que o entusiasmado Walford — falecido em 2004, aos 79 anos, por uma doença degenerativa do sistema neurológico — passou o resto de sua vida divulgando os benefícios da baixíssima ingestão de alimentos, hoje conhecida como RC ou Redução Calórica.

A dieta já era conhecida desde a década de 1930, quando começou a ser testada em animais. Em todas as experiências, o animal que comeu em abundância viveu menos, pois ficou mais exposto às doenças crônicas típicas do envelhecimento.

Hoje, a Sociedade de Restrição Calórica conta com 2 mil associados no mundo, 5 deles no Brasil. Seu presidente, o escritor norte-americano Brian Delaney, de 1,80 m e 65 quilos, vive com 1.950 calorias diárias — 550 abaixo do que é recomendável para um homem adulto —, mas se diz muito feliz e saudável. Delaney, que escreveu *A Dieta da Longevidade* com Lisa Walford, diz que "embora não se possa afirmar que quem faz a dieta vá viver 150 anos, ela é a única alternativa conhecida para retardar o envelhecimento e traz, com certeza, benefícios para a saúde".

Entre os adeptos da RC, não faltam os exagerados, como a publicitária Meredith Averill, 60 anos, 1,64 m, 48 quilos, que ingere apenas 700 calorias por dia, quando o recomendável seriam 2.000. Seu marido, Paul McGlothin, 58 anos, 1,82 m, 61 quilos, há 12 anos não passa de 900 calorias diárias. "Não seguimos essa dieta apenas para ter vida longa, mas também pela pressão arterial baixa, gordura corporal equivalente à de um atleta, visão perfeita e muita energia", explica McGlothin.

O presidente Delaney diz que "não é preciso comer de maneira saudável o tempo todo" e assegura que come chocolate algumas vezes por semana e também toma taças de vinho (bebida que, segundo pesquisas com camundongos, pode contribuir para a longevidade graças a um ingrediente chamado resveratrol, encontrado em alguns tintos).

De qualquer forma, há evidências de que a capacidade de assimilar dietas com baixas calorias depende de cada pessoa. Segundo testemunhos de quem passou por regimes rigorosos, a fase inicial é a mais difícil, pois a sensação de fome é cruciante. Aos poucos, porém, o corpo começa a ajustar seu ritmo metabólico para trabalhar com uma ingestão menor de alimentos.

Há gerontologistas que discordam frontalmente da Redução Calórica. Acreditam que a falta de alguns nutrientes, como o cálcio encontrado no leite, em queijos e ovos, e importante para prevenir a osteoporose, pode prejudicar a saúde. De qualquer forma, a relação entre magreza e vida longa é incontestável.

Há diferentes revistas, livros e *sites* com dietas para os mais variados gostos. Só para referência, vejamos como podem ser as refeições de quem pretende consumir 1.800 calorias diárias:

- **Café da manhã:** uma laranja média, dois copos de leite desnatado e um pãozinho francês com manteiga. Entre o café e o almoço pode-se tomar um copo de iogurte desnatado.

- **Almoço:** Alface à vontade, quatro colheres de sopa de berinjela, um pedaço médio de carne vermelha, três colheres de sopa de arroz e uma manga de sobremesa. O lanche da tarde pode ser dois copos de leite desnatado e seis unidades de biscoito água e sal.

- **Jantar:** Acelga à vontade, quatro colheres de sopa de palmito, uma porção grande de peixe, duas batatas e um caqui de sobremesa. Na ceia, pode-se tomar um copo de leite desnatado ou chá.

Claro que uma fruta pode ser substituída por outra de sua preferência ou um pedaço de carne de vaca por até três filés de pescada. O importante é que no final das contas se chegue ao número de calorias pretendido, sem mexer nos grupos de alimentos.

Para ajudar a montar sua dieta, aqui vai uma pequena lista de alimentos com suas respectivas calorias.

Proteicos

Carne de boi, magra (100 g): .... 107 calorias
Carne de boi, média (100 g):..................... 238 calorias
Carne de porco (150 g):.......................... 390 calorias
Camarão (unidade):............................... 16 calorias
Chicken McNuggets (porção 110 g):.............. 270 calorias
Fígado de boi (um bife): .... 129 calorias
Lombo de porco (porção 100 g): .... 332 calorias
Ovo cru (unidade):............................... 144 calorias
Peixe, pescada crua (um filé):................... 69 calorias
Soja crua (porção 100 g):........................ 443 calorias

Leite e derivados

Creme de leite (porção 100 g):................... 347 calorias
Iogurte natural (uma xícara): .... 125 calorias
Leite integral (um copo):........................ 127 calorias
Leite desnatado (um copo): .... 72 calorias
Manteiga ou margarina (uma colher de sopa):...... 100 calorias
Milkshake de chocolate (um copo): .... 320 calorias
Mozarela (porção 50 g): .... 162 calorias
Queijo tipo Minas (uma fatia 50 g):.............. 187 calorias
Queijo tipo prato (uma fatia 50 g): .... 176 calorias
Requeijão (porção 50 g):......................... 126 calorias
Ricota (uma fatia 20 g):......................... 29 calorias

Cereais, farináceos e afins

Arroz cozido (porção 100 g): .... 109 calorias
Açúcar (uma colher de sopa):..................... 14 calorias
Batata doce (unidade): .... 124 calorias
Batata frita, tipo McDonald's (média): .... 320 calorias
Biscoito (três unidades): .... 75 calorias

Farinha de trigo (uma xícara): .... 423 calorias
Farinha de milho (três colheres de sopa):............ 88 calorias
Feijão (porção 50 g): .... 162 calorias
Feijão preto (porção 120 g): .... 102 calorias
Lentilha cozida (porção 150 g): .... 190 calorias
Macarrão cozido (porção 150 g): .... 153 calorias
Mel (uma colher de sopa): .... 31 calorias
Milho (uma colher de sopa):....................... 84 calorias
Pão francês (unidade 50 g): .... 134 calorias
Pão integral (uma fatia): .... 56 calorias
Pão de centeio (uma fatia): .... 58 calorias
Torrada (porção 50 g): .... 156 calorias
Torta de maçã (um pedaço):....................... 260 calorias

Frutas e verduras

Alface (duas folhas): ....4,6 calorias
Abacate (metade):............................... 204 calorias
Abacaxi (duas fatias): .... 23 calorias
Ameixa preta (unidade):........................... 4 calorias
Ameixa vermelha (unidade):....................... 13 calorias
Banana (unidade):................................. 68 calorias
Caqui chocolate (unidade):........................ 74 calorias
Cenoura crua (unidade): .... 42 calorias
Chuchu verde (unidade):.......................... 72 calorias
Couve-flor (porção 100 g): .... 41 calorias
Ervilha verde (porção 100 g): .... 100 calorias
Espinafre (porção 100 g): .... 37 calorias
Goiaba (unidade): .... 57 calorias
Laranja (unidade):................................ 45 calorias
Maçã vermelha (unidade): .... 114 calorias
Mamão (uma fatia):............................... 36 calorias
Manga (unidade): .... 229 calorias
Maracujá (duas unidades): .... 54 calorias
Melancia (uma fatia): .... 24 calorias
Melão (uma fatia):................................ 28 calorias
Morango (porção 100 g): .... 39 calorias

Palmito (porção 100 g): 27 calorias
Pêra (unidade): 95 calorias
Pêssego (porção 100 g): 41 calorias
Pimentão verde (unidade): 23 calorias
Tomate cru (unidade): 17 calorias
Tomate, extrato (uma colher de sopa): 23 calorias
Uva (um cacho): 78 calorias

Bebidas

Café solúvel (três colheres de sopa): 93 calorias
Cerveja, chope (um copo): 100 calorias
Gatorade (um copo): 46 calorias
Refrigerante (um copo): 140 calorias
Suco de laranja (um copo): 80 calorias
Vinho (um copo): 75 calorias

Sanduíches e afins

Big Mac: 500 calorias
Maionese (uma colher de sopa): 92 calorias
Pipoca (uma xícara): 636 calorias
Salsicha (duas unidades): 265 calorias
Cheese-Salada: 305 calorias

Alimentos funcionais

Já que temos mesmo de nos alimentar todos os dias, por que não aliar o útil ao agradável e preferir alimentos que, além do seu valor nutricional, proporcionam benefícios à saúde, auxiliando na prevenção e redução de doenças? Essa questão começou a ser estudada na década de 1980, no Japão, e acabou gerando o que se conhece como "Foods for specified health use" (Foshu) ou, em Português, "alimentos funcionais".

Todo alimento traz um tipo de benefício, mas alguns se destacam por suas comprovadas propriedades e não podem faltar na mesa de quem quer levar uma vida longa e saudável. Dos que fazem parte de nosso dia-a-dia, os mais destacados são:

- **alho:** reduz a pressão arterial, diminui a taxa do colesterol ruim (LDL) e aumenta a do colesterol bom (HDL). Também ajuda na prevenção de tumores malignos. Quantidade recomendada: um dente por dia.
- **cebola:** mantém a saúde do sistema cardiovascular e é importante para os diabéticos, pois ajuda a insulina a metabolizar a glicose na corrente sanguínea.
- **azeite de oliva:** pode reduzir em até 40% o risco de doenças no coração. Melhor é o extra-virgem e melhor ainda se substituir a manteiga e a margarina. Quantidade recomendada: uma colher de sopa por dia.
- **brócolis:** rico em minerais, como o cromo, ajuda a diminuir a glicose sanguínea. Possui indol-3 carbinol, elemento muito potente no bloqueio de várias espécies de câncer.
- **aveia:** diminui o colesterol ruim e ajuda a combater a prisão de ventre, que é fator de risco para o câncer de intestino. Quantidade recomendada: três colheres de sopa por dia de farelo de aveia ou quatro colheres de sopa de aveia em flocos.
- **tomate:** auxilia na prevenção do câncer de próstata. Quantidade recomendada: uma colher de sopa e meia de molho de tomate fresco por dia.
- **soja:** seu consumo regular diminui os riscos de colesterol ruim, reduz os risco de doenças do coração, ajuda a regular o intestino e a amenizar os incômodos da menopausa e a prevenir o câncer de mama e de cólon. Quantidade recomendada: 150 g de grãos de soja por dia (uma xícara de chá).
- **castanha do Pará:** previne problemas cardíacos (assim como a noz, o pistache e a amêndoa). Quantidade recomendada: uma unidade por dia.
- **peixes (sardinha, salmão, atum e bacalhau):** previnem infartos e derrames, diminuem o colesterol ruim e aumentam o bom, podem reduzir a artrite e a depressão e proteger o cérebro contra doenças como o mal de Alzheimer. Quantidade recomendada: 180 g por semana. Observação: prepará-los cozidos, assados ou grelhados, pois ao serem fritos eles perdem as propriedades.

- **chá verde:** auxilia na prevenção de tumores malignos, além de retardar o envelhecimento. Também reduz riscos de gastrite e câncer do esôfago, previne doenças do coração e pedras nos rins e auxilia no tratamento da obesidade. Quantidade recomendada: quatro a seis xícaras por dia.
- **frutas e verduras:** consumidas regularmente, previnem a catarata e diversos tipos de câncer e reduzem a incidência de doenças cardíacas e de pressão alta. Quantidade recomendada: três a cinco frutas e pelo menos três tipos de verduras diferentes por dia.
- **uva vermelha:** ajuda a aumentar o colesterol bom e evita o acúmulo de gordura nas artérias, prevenindo doenças cardiovasculares. Quantidade recomendada: um cacho por dia.

Para quem acha complicado lembrar as propriedades de muitos alimentos, basta recordar as características de seis grupos deles, divididos por cores. Cada cor tem particularidades próprias. Vamos a elas:

- **brancos:** leite, queijo, couve-flor, batata, arroz, cogumelo, banana etc. Fontes de cálcio e potássio. Contribuem para a formação e manutenção dos ossos, são fundamentais para o funcionamento do sistema nervoso e dos músculos e ajudam na regularização dos batimentos cardíacos.
- **vermelhos:** morango, tomate, melancia, caqui, framboesa, cereja, goiaba vermelha etc. Possuem licopeno, substância que age como antioxidanente. São eficazes na prevenção do câncer de próstata e estimulam a circulação sanguínea.
- **amarelos e alaranjados:** mamão, cenoura, laranja, abóbora, pêssego, damasco etc. Ricos em vitamina B-3 e ácido clorogênico. Possuem betacaroteno, que retarda o envelhecimento e protege o coração. Mantêm o sistema nervoso saudável e ajudam a prevenir o câncer de mama.
- **arroxeados:** uva, ameixa, figo, beterraba, berinjela, repolho roxo etc. Contêm ácido elágico, que retarda o envelhecimento. Previnem diversos tipos de câncer.
- **verdes:** vegetais folhosos, pimentão, salsão, ervas etc. Contêm cálcio, clorofila, vitamina C e vitamina A. Inibem radicais livres que danificam células e provocam doenças, protegem o

cabelo e a pele, melhoram o sistema imunológico, previnem o câncer, ajudam a proteger o coração e são importantes para os ossos e a contração muscular.

- **marrons:** nozes, aveia, castanhas e cereais integrais, como arroz, trigo e centeio. Têm fibras e vitaminas dos complexos B e E. Melhoram o funcionamento dos intestinos, combatem a ansiedade e a depressão, previnem o câncer e as doenças cardiovasculares.

Enfim, se o homem do terceiro milênio se alimentar de forma inteligente, será mais saudável, viverá mais tempo e não provocará tanta poluição ou desperdício, contribuindo para uma divisão mais justa dos alimentos entre seus semelhantes.

CONSUMO E POLUIÇÃO

Andar no estacionamento do *shopping center* mais chique de São Paulo está perigoso. As passagens ficaram estreitas. Os carros estacionados estão maiores e, quando andam acionando com estrondo seus motores potentes, tiram fina dos pedestres. Enquanto nos países desenvolvidos a tendência é usar carros menores e menos poluidores, o brasileiro festeja o bom momento econômico do País comprando carros imensos, caros e gastadores de combustível.

O automóvel é o primeiro item do sonho de consumo do brasileiro e a estabilidade da economia, que fez as revendedoras aumentarem o prazo de financiamento, tornou até os modelos mais caros uma realidade para a classe média do País. Nos consórcios, é possível comprar um carro sem entrada e em 100 prestações, ou seja, em oito anos e quatro meses.

O governo lavou as mãos da obrigação de dar um transporte público digno e estimula a venda de veículos. Em maio de 2008, um pacote de incentivos presenteou montadoras e fabricantes de autopeças com 3,2 bilhões de reais em desonerações fiscais, quase 53% dos subsídios concedidos a todos os segmentos industriais do País até 2011. Com isso, nunca se vendeu tanto carro no Brasil, cuja frota alcançou 28 milhões de automóveis em 2008. O resultado é visível nas cidades — onde os congestionamentos batem recordes — e nas estradas, a maioria mal cuidadas, responsáveis pela maior parte das 20 mil mortes por ano em acidentes automobilísticos no País.

Ao mesmo tempo em que alguns países europeus já pensam em taxar os carros maiores por atrapalharem o trânsito das cidades e poluírem mais e a União Européia ameaça restringir a publicidade de automóveis movidos a gasolina, no Brasil, estão em alta os carros de luxo. Prevê-se que em 2008 serão negociadas 15 mil unidades entre Audi, BMW e Volvo, bem mais do que as 9.130 do ano anterior.

Os modelos que seduzem a maioria dos consumidores brasileiros de alta renda são os gigantescos utilitários com tração nas quatro rodas. Jipões esportivos de luxo, com espaço para até sete pessoas, são cada vez mais comuns nas ruas, apesar do preço em torno de 200 mil reais.

Novamente mais consumistas do que os norte-americanos, os brasileiros estão dispostos a pagar muito mais por um automóvel do que os habitantes do país mais capitalista do mundo. Em abril de 2008, a revista *Forbes* publicou uma pesquisa da CNW Marketing Research sobre os carros de luxo mais dirigidos por mulheres em 2007.

O modelo mais caro, que apareceu na sexta posição, foi o BMW ZY, no valor de 36.400 dólares, e o líder foi o Honda Fit, que nos Estados Unidos custa 13.950 dólares. A média de preço dos dez mais bem classificados não ultrapassou 20 mil dólares. Enquanto isso, a classe média alta brasileira está disposta a pagar mais de 100 mil dólares por um carro, de preferência dos grandes.

Pesados por natureza, no Brasil muitos desses utilitários ainda estão sendo blindados, o que significa ganhar de 200 kg a 650 kg de sobrecarga (apenas carros com motores 1.6 ou mais podem receber blindagem, pois é preciso um mínimo de potência para fazê-lo andar). Graças à ineficácia da segurança pública, há em torno de 45 mil automóveis blindados no País, número que cresce a uma média de 6 mil por ano. São Paulo, pelo alto índice de violência e também por concentrar a maior parte dos ricos brasileiros, é a cidade com o maior número desses veículos.

Incluída recentemente em uma análise sobre segurança e qualidade de vida feita por uma empresa de consultoria internacional, a capital paulista ficou apenas na 180ª posição entre 215 cidades, atrás de Manaus (103ª), Brasília (131ª) e Rio de Janeiro (177ª). Entre as primeiras estão as européias Zurique, Viena e Genebra, onde, provavelmente, não é preciso andar de carro blindado para ter a sensação de segurança.

O curioso é que, além de extremamente caro, o carro blindado tem muitos inconvenientes. Poluir mais é o primeiro deles, mas há outros, que colocam em risco a vida de seus ocupantes. Como a carroçaria é muito reforçada, em caso de uma batida frontal o impacto é transferido diretamente para o corpo das pessoas, que são projetadas para frente com muita força, sofrendo ferimentos mais graves do que se estivessem em um carro normal.

Do mesmo modo, uma operação de salvamento é mais complicada em um blindado, já que não é possível quebrar o vidro ou usar uma serra para abrir a porta, o motorista é orientado para viajar com as portas destravadas, o que acaba sendo um contrassenso — mas é a única forma de evitar tragédias como a que aconteceu com uma família carioca, que morreu carbonizada depois que o carro bateu em uma árvore e o motor pegou fogo.

Enfim, em uma época em que os automóveis deveriam ser menores e poluir menos — o que também os tornaria mais baratos e práticos, ideais para um estilo de vida simples —, as grandes cidades se viram invadidas por esses monstros, que, por trás da alegação de proteger seus ocupantes da violência urbana, escondem a inconseqüência de uma sociedade extremamente individualista.

O caso Hummer

De todos os veículos imensos que parecem ter saído de uma batalha para tomar as cidades, o modelo mais impressionante é o Hummer. Mais largo do que os carros normais (seu banco traseiro tem espaço para quatro pessoas), pesando 3,1 toneladas, com pneus enormes para escalar barrancos e atravessar terrenos alagados até 76 centímetros e um motor V8 6.5 turbodiesel que, devido ao seu peso, pode levá-lo a cerca de 100 km/h na estrada, ele se assemelha a um tanque.

Na verdade, foi criado justamente para a guerra. Sua história começou em 1979, quando o exército norte-americano precisava de uma unidade móvel de múltiplo uso e alta mobilidade, ou High Mobility Multipurpose Wheeled Vehicle (HMMWV), e encomendou o veículo para a AM General.

O protótipo foi testado no deserto de Nevada em julho de 1980. Mostrou-se eficiente para ser usado como ambulância ou para carregar tropas e armas. Em março de 1983, a AM General assinou um contrato com o exército norte-americano para a produção inicial de 55 mil veículos.

Batizado pelos soldados de Hum-vee, 20 mil veículos auxiliaram as tropas dos Estados Unidos na Guerra do Golfo, em 1991, ano em que o exército comprou 150 mil unidades. Empolgada com o sucesso no campo de batalha e, dizem, estimulada pela opinião favorável do então ator e agora político Arnold Schwarzenegger, que queria um deles para andar na cidade, a AM General anunciou que no ano seguinte lançaria o primeiro Hummer para civis.

Em 1992, para alegria de Schwarzenegger, foi lançado o Hummer 1, com uma produção de 600 unidades por ano. Em 1999, a General Motors comprou a marca e passou a lançar novas versões do Hummer, além de apelar para um *marketing* mais agressivo, que logo conquistou clientes famosos, como o tenista André Agassi, o jogador de basquete Lebron James, o fundador da revista *Playboy* Hugh Hefner, o empresário Ted Turner, o escritor Tom Clancy e o ator Eric Estrada, entre outros.

Mesmo divulgado gratuitamente pelos astros do *show business* que o usam, a GM tem reservado uma verba de 100 milhões de dólares por ano para divulgar o Hummer. Durante o Super Bowl de 2006, no horário mais caro da tevê norte-americana, a empresa apresentou um comercial chamado *Monsters* para lançar o modelo Hummer H3. No anúncio, um robô gigante se apaixona por uma fêmea do Godzilla, e, como fruto dessa paixão, nasce o pequeno Hummer H3. O comercial assina: "H3, um pequeno monstro".

Mas nem todos ficaram felizes ao ver um veículo tão intimidador rodar pelas ruas e estradas, principalmente os proprietários de carros menores. A queixa é de que os Hummers dificultam a visibilidade dos outros veículos, ocupam mais espaço e queimam mais combustível, já que fazem apenas nove milhas por galão de gasolina.

Outro motivo de crítica, não só para o Hummer, mas também para outros modelos de utilitários gigantes, é que a altura dos carros compromete a visibilidade no nível do chão, o que tem causado um número maior de atropelamentos em crianças. Em um dos casos, o próprio pai atropelou o filho de dois anos, pois não o viu se aproximar.

A ONG Kids and Cars tem alertado para o perigo que esses veículos representam para os pequenos.

Esses pontos negativos, entretanto, nunca preocuparam demais a GM, até que o preço do petróleo começou a aumentar descontroladamente, a partir do início de 2008. Entre 2003 e 2007, o barril de petróleo subiu de 40 dólares para 90 dólares, mas em 2008 pulou de 100 dólares para 140 dólares em cinco meses.

Irreversível para os especialistas, a tendência de aumento do combustível foi a gota d'água para que a General Motors, reconhecida como uma grande defensora dos utilitários esportivos de grande porte, tomasse uma decisão que deve sepultar esse mercado. No mesmo momento em que este capítulo era escrito, veio a notícia de que a GM não produzirá mais carros desse tipo, venderá a marca Hummer e planeja lançar o carro elétrico Volt e uma linha de modelos compactos.

A GM, assim como suas rivais norte-americanas Ford e Chrysler, sempre lucrou muito com utilitários esportivos, mas nos últimos anos as vendas estavam caindo: de 600 mil unidades em 2002, devem ficar abaixo de 250 mil em 2008, ano em que, no primeiro semestre, a empresa teve um prejuízo de 3,3 bilhões de dólares. "Esses preços estão mudando o comportamento dos consumidores rapidamente. Não acreditamos que seja uma mudança passageira, mas permanente", disse Rick Wagoner, presidente executivo e do conselho da GM. Ele anunciou ainda que a empresa suspenderá a produção de utilitários esportivos e picapes em quatro de suas fábricas nos Estados Unidos até 2010.

Como a Ford, um mês antes, também havia decidido reduzir a produção de picapes e utilitários, tudo indica que a epopéia desses brutamontes beberrões chegou ao fim e um novo capítulo começa na história da indústria automobilística, com ênfase nos carros menores, econômicos e movidos a eletricidade, como o Chevy Volt.

Aposta ecológica da GM para compensar o prejuízo causado por seus utilitários, o Chevy Volt é acionado por baterias auxiliadas por quatro pequenos motores a gasolina. Para Wagoner, é "o maior passo para afastar nosso setor da dependência histórica do petróleo".

Na verdade, a GM não está fazendo nada mais do que seguir, humildemente, a tendência do mercado internacional, que no Salão do

Automóvel de Frankfurt, em setembro de 2007, mostrou que chegou a vez dos veículos ecologicamente corretos — com destaque para os híbridos, que combinam motores a combustão e elétricos.

A Peugeot apresentou um modelo híbrido capaz de rodar 33 quilômetros com um litro de gasolina; a Mercedes-Benz expôs um utilitário esportivo que usa dois motores elétricos e consegue fazer 13 quilômetros com um litro de combustível; e a BMW mostrou um modelo de luxo cujo motor é desligado automaticamente quando o carro fica muito tempo parado no trânsito (basta um toque no acelerador para que o motor funcione novamente). Segundo a montadora, o carro chega a rodar 1.300 quilômetros com um tanque de diesel.

O esforço da indústria automobilística européia para desenvolver "carros verdes" não é só questão de benevolência. A União Européia pretende promulgar uma lei que limitará, a partir de 2012, em 25% a emissão de dióxido de carbono por quilômetro rodado.

Nos Estados Unidos, onde não há a expectativa de uma legislação severa contra a poluição causada pelos automóveis, os ambientalistas saudaram com entusiasmo a decisão da GM de interromper a fabricação do Hummer, que chegou a ter 71 mil unidades vendidas em 2006.

Para Daniel Becker, consultor de grupos ambientalistas em Washington, o carro que veio da guerra para as ruas das cidades "representa tudo o que existe de errado nos utilitários esportivos gigantescos. É uma vergonha que a GM tenha demorado tanto para encarar a realidade de que as pessoas não desejam mais essa coisa".

O *status* pelo que se veste

A roupa, basicamente, deve aquecer o corpo ou protegê-lo das intempéries. Mas o homem logo percebeu que ela poderia também ser símbolo de *status*. Imagina-se que o primeiro caçador que matou um predador temido e vestiu-se com sua pele foi olhado como hoje se olha para quem usa um sobretudo Armani (na verdade, nosso grotesco ancestral foi muito mais respeitado do que os elegantes de hoje, pois não é mais preciso matar um tigre de sabre para ter um sobretudo).

No fim da Idade da Pedra, há 25 mil anos, já se usavam agulhas feitas de ossos e marfim para costurar peles, com fios fabricados de pêlos de animais e fiapos de plantas. Assim surgiram os primeiros "modelitos" dos elegantes pré-históricos.

Entretanto, mais do que simplesmente valorizar a beleza — que é um conceito discutível e cíclico —, a moda, ao longo dos tempos, serviu para diferenciar classes. Em Bizâncio, há dois mil anos, os nobres vestiam roupas de cor arroxeada, pois eram feitas com um pigmento muito raro e caro. Já os pobres usavam roupas azuis, pois os tintureiros diluiam o anil com a urina que guardavam em baldes (a uréia sintética para substituir a urina só passou a ser utilizada a partir de 1800).

Hoje, usando o crediário, todo mundo pode parecer rico. No Brasil, é comum o adolescente usar o salário do primeiro emprego para comprar um tênis último tipo. Mais do que para os adultos, a moda faz parte do código de aceitação dos jovens, que, percentualmente, são os que mais gastam com roupas.

Em um *site* de moda, há a história de uma garota que abandonou uma festa, constrangida, por ser a única a não estar vestindo roupas de grife. No mesmo *site*, há o depoimento de outra jovem que gastou todo o salário de 1.400 reais para comprar uma única calça *jeans* e não se arrependeu. Segundo ela, a roupa de grife "sofistica o *look* e costuma cair muito bem no corpo".

Pesquisas feitas pelo Sebrae (Serviço Brasileiro de Apoio às Micro e Pequenas Empresas) comprovam que 38% dos jovens conversam regularmente sobre moda com seus amigos. O desejo de adquirir peças de determinadas marcas é estimulado, principalmente, por novelas e filmes transmitidos pela tevê e pela identificação do jovem com seus ídolos no *show business*.

Psicanalistas advertem que o desejo por marcas, quando se torna compulsivo, pode se transformar em uma "doença da modernidade". Nesse caso, a pessoa já não está interessada apenas na marca em si, mas no que ela representa: *status*, beleza, *glamour*, sexualidade... Então, o remédio é buscar o autoconhecimento, descobrir o que há por trás desse interesse anormal por coisas de grife.

Mas não parece tão complicado entender o que leva as pessoas a se mostrar tão atraídas por roupas de marca. Elas são a forma menos cara de fazer alguém se sentir bonito, rico e importante. Assim, os números desse mercado só podem ser mesmo de espantar: o Brasil produz 7,2 bilhões de peças de vestuário por ano e consome 250 milhões de calças *jeans*. É o segundo produtor mundial de denim índigo — o tecido azul e desbotável usado nas calças —, com 25 milhões de metros lineares por mês. É o terceiro maior produtor mundial de malha, o sétimo de fios e filamentos e o oitavo de tecidos.

As exportações brasileiras de roupas superam 2,2 bilhões de dólares por ano e o faturamento gira em torno de 33 bilhões de dólares, o que representa 17,5% do PIB da indústria de transformação no País. Quase dois bilhões de camisetas são vendidas no mundo todos os anos, das quais três milhões produzidas pela brasileira Hering, que em 125 anos de existência já confeccionou cinco bilhões de camisetas.

Só os Estados Unidos consomem 450 milhões de calças *jeans*. O mercado global de vestuário fatura anualmente cerca de 450 bilhões de dólares e é dominado por Índia e China, que utilizam de mão-de-obra barata, em grande parte formada por crianças. Esses trabalhadores não raro são obrigados a jornadas excessivas em ambientes insalubres e têm seus direitos negados ou negligenciados, o que ocorre até mesmo na Europa Ocidental.

Outro problema grave da indústria têxtil é seu alto poder de poluição das águas. As tintas tóxicas, usadas para colorir os tecidos, acabam indo para rios e córregos, provocando a mortandade de peixes. Movimentos ecológicos aconselham que sejam compradas roupas claras, justamente para não colaborar com a destruição do meio ambiente.

Já foram lançadas algumas campanhas nesse sentido, como a Moda sem Tóxicos, do Greenpeace, e a Campanha Roupa Limpa (CRL), que é uma coalização de ONGs e sindicatos em todo o mndo, cuja idéia é sensibilizar a indústria e os consumidores para a escolha de produtos que respeitem a natureza e não explorem os trabalhadores do setor.

Dois dos critérios sugeridos para a compra de roupas são: 1) comprá-las de segunda mão ou recicladas, pois deve-se tentar prolongar a vida útil das peças, principalmente das que possuem elementos não recicláveis e que acabarão incineradas; e 2) no caso de roupas novas, é preferível que sejam produzidas na comunidade onde se vive, confeccionadas com fibras naturais (algodão, lã e cânhamo) e em cores claras.

Da mesma China, de onde vêm os mais assustadores índices de poluição do mundo, estão surgindo também tímidas tentativas de adequar a produção de roupas ao meio ambiente. Uma empresa anunciou que lançará roupas "cômodas e suaves, com uma grande resistência a vincos", produzidas com fibras de milho e de bambu.

Comparada a outros materiais sintéticos, como o poliéster e o *nylon*, a fibra de milho é mais fácil de tingir, pouco inflamável e muito resistente aos raios ultravioleta e a lavagens contínuas. O problema é que serão necessárias dez toneladas de milho para produzir apenas uma de fibra.

Além do sinal vermelho

O consumo em si não é ruim, pois gera emprego, faz o dinheiro circular, enfim, aquece a economia. O ruim é o excesso. Quando se consome demais e desnecessariamente, provoca-se o desequilíbrio social e do meio ambiente, pois canalizam-se recursos demasiados para setores supérfluos e deixam-se descobertos outros, essenciais para a vida humana.

Se não houver profunda mudança nos hábitos de consumo da população de alguns países, principalmente Estados Unidos, Brasil, China, Rússia e Índia, o planeta entrará em colapso rapidamente.

Se o mundo todo consumisse como a média dos norte-americanos, seriam necessárias cinco Terras para dar conta dos gases de efeito estufa. A média dos chineses é menor, mas no todo a China acaba de ocupar o nada honroso primeiro lugar entre as nações mais poluidoras do planeta.

O comportamento do Brasil não é muito melhor, principalmente de sua elite. Em 5 de junho, comemorado como o Dia Mundial do Meio Ambiente, a organização não-governamental WWF-Brasil divulgou uma pesquisa em que mostrava os hábitos ecologicamente inviáveis das classes A e B brasileiras e chegava à conclusão de que se toda a população mundial adotasse padrão de consumo semelhante, seriam necessários três planetas para suprir todos os recursos.

O dado que chamou mais a atenção na pesquisa — que entrevistou 2.002 pessoas de 142 municípios de todos os Estados do País — foi o tempo que 13% das pessoas das classes A e B disseram passar no banho: mais de 20 minutos. Se esse tempo fosse reduzido pela metade, por exemplo, seria economizada água suficiente para abastecer, por um dia, uma cidade com mais de seis milhões de habitantes.

O desperdício da água é o que mais nos choca, pois ela é o bem imprescindível para a vida. As pesquisas da Nasa para encontrar seres vivos em outros planetas partem sempre da premissa de que primeiro é preciso achar água. A Terra é o único planeta conhecido que a tem em abundância. Por enquanto.

Nos supermercados brasileiros, uma garrafa d'água com 1,5 litro custa em média 1,20 real — ou metade de um litro de gasolina. Seu preço tende a aumentar gradativamente, mas, por enquanto, ainda é barata. Tanto que, se alguém deixar todas as torneiras de sua casa abertas durante um mês, provavelmente ainda poderá pagar a conta. Mas será só uma questão de poder pagar a conta? Não é também um crime desperdiçar tanta água potável?

Um condomínio de 88 apartamentos em um bairro nobre de São Paulo gasta, em média, 3.700 reais por mês com a conta d'água, com um consumo de 1.300.000 litros, o equivalente a três piscinas de 25 metros de comprimento por 15 de largura. Segundo a síndica, um apartamento desocupado que ficou com uma torneira aberta representou um acréscimo de 20% na conta do mês.

A mentalidade de que já que o dinheiro é nosso, podemos fazer o que quisermos com ele, precisa ser substituída por um consumo consciente e solidário. Não é simplesmente porque se pode pagar por algo que se tem o direito de desperdiçá-lo. Os bens da Terra são finitos. Preservá-los é um dever de todos nós.

Dicas para evitar desperdício de água

- Um banho de 15 minutos, com o registro aberto, consome 144 litros de água. Se o registro for fechado na hora de ensaboar e o tempo do banho reduzido a cinco minutos, o consumo será de 48 litros.

- Lavar o carro usando balde consome só 10 litros de água. Usando a mangueira, e mantendo-a o tempo todo aberta, o consumo sobe para 560 litros.

- Lavar a louça durante 15 minutos com a torneira da pia aberta gasta 243 litros de água. Para economizar, use antes um papel para limpar os restos de alimento dos pratos e das panelas. Molhe a louça rapidamente, ensaboe e depois enxágue. Gastará apenas 20 litros.

- Se uma pessoa demora cinco minutos para escovar os dentes e nesse tempo deixa a torneira aberta, manda para o ralo 12 litros de água tratada e clorada.

- Você não quer poluir um milhão de litros de água, quer? É a quantidade que se polui quando se joga no ralo um litro de óleo de cozinha usado em frituras. Para evitar contaminar o equivalente ao que uma pessoa consome de água em 14 anos, coloque o óleo em uma garrafa pet e jogue-a no recipiente de lixo orgânico.

- Fique atento a vazamentos, mesmo os pequenos. De gota em gota, uma torneira causa um desperdício de 46 litros por dia ou 1.380 por mês. E um furinho de 2 milímetros no encanamento pode causar um desperdício de até 3.200 litros por dia.

- Lave o rosto rapidamente. Um minuto de torneira meio aberta consome 2,5 litros de água.

- Uma lavadora de louças gasta 40 litros. Então, só a ligue depois que estiver cheia.

- Uma válvula com defeito pode fazer a descarga do vaso sanitário gastar 30 litros de água, o triplo do normal.

- Não use o vaso sanitário como lata de lixo.

O CAMINHO PARA O BEM-ESTAR

Não adianta. Depois de milênios perseguindo a caça, atirando lanças e pedras, rachando lenha, nadando, subindo em árvores, lutando e caminhando quilômetros por dia, não dá para sentar à frente da televisão, ou do computador, e achar que seremos saudáveis e felizes.

O adepto da vida simples não resume sua preocupação com a saúde em pagar uma assistência médica cara. Ele adota hábitos saudáveis, que incluem o exercício físico. Ele sabe que o Homo sapiens não chegou até aqui parado.

O corpo humano foi feito para o exercício. O fisiologista Nuno Cobra costuma exagerar ao dizer que nosso corpo é a única máquina que, quanto mais usada, mais nova fica. Bem, um dia ela também envelhece, mas o Nuno tem uma boa parcela de razão.

A maior parte das doenças fatais que atingem a humanidade — arteriosclerose, problemas no coração, derrames, pressão alta, diabetes — estão ligadas ao sedentarismo e à falta de exercícios. Para alguns males, como o diabetes, não há remédio nem dieta alimentar que seja mais eficaz que o exercício físico. O corpo em movimento diminui o nível de glicose no sangue, que passa a circular mais livremente, diminuindo a pressão nas artérias, e aumentando a oxigenação no cérebro. Depois do exercício, ainda se tem uma sensação agradável, provocada pela serotonina.

Até quem nunca foi de praticar esportes, quando começa a colocar o corpo em movimento, mesmo em idade avançada, se apaixona pela novidade. Pudera, os benefícios logo são sentidos, e são muitos, tais como: redução de estresse, ansiedade e depressão; diminuição das taxas de colesterol ruim (LDL), da pressão arterial, da prisão de ventre e de dores na coluna; melhora na circulação sanguínea, na função pulmonar, no metabolismo de açúcares e gorduras, na vida sexual e no sistema imunológico; maior produção de colesterol bom (HDL), maior disposição física, sono mais repousante, menor propensão à osteoporose; e, como consequência disso tudo, redução do processo de envelhecimento.

Os exercícios realmente fazem milagres e são essenciais para uma existência saudável. Mesmo as pessoas que têm um histórico genético propício e obedecem a uma alimentação de baixas calorias devem evitar o sedentarismo se quiserem prolongar a vida.

O corpo humano é uma máquina perfeita que, se devidamente programada, pode realizar façanhas inacreditáveis. Algumas delas estão no livro *Sonhos mais que possíveis*, que reúne 60 histórias de superação de atletas olímpicos. Uma das mais impressionantes é a de Raymond Ewry, que aos 12 anos contraiu poliomielite e recebeu dos médicos a terrível notícia de que nunca mais voltaria a andar.

Era o ano de 1885 e a medicina não tinha o que fazer nos casos de pólio, mesmo nos Estados Unidos. Os pais de Ewry também acreditaram que não havia remédio. Mas o garoto não aceitou a derrota. Empenhou-se em uma rotina de exercícios físicos de sua invenção para recuperar a força das pernas, o que o tornou um precursor da ginástica isométrica, baseada na contração do músculo sem movimento. Após cinco anos de cadeira de rodas, ele não só voltou a andar como se tornou um fanático pelo exercício físico.

Para resumir a história, Ray Ewry, então um rapaz alto e forte, acabou se tornando o maior vencedor dos primeiros Jogos Olímpicos modernos, com oito medalhas de ouro nas provas de salto. Ídolo popular, ficou conhecido como "o homem de borracha".

Mas não é preciso ser um campeão olímpico para aproveitar os benefícios do esporte. Está provado que pouco tempo de exercícios por dia é suficiente para aumentar substancialmente a expectativa de vida de uma pessoa sedentária. Digamos que alguém de 40 anos não faça exercício algum. Pois se passar a subir e descer apenas dez degraus por dia, ou andar 30 minutos diários, já estará acrescentando de cinco a sete anos em sua vida.

Essa informação é resultado de uma pesquisa feita nos Estados Unidos e divulgada pela Secretaria Municipal de Esportes de São Paulo, em 1997. Batizada como "pequenos esforços, grandes resultados", ela visava quebrar o tabu de que só se consegue benefícios com o exercício quando nos tornarmos atletas.

Ar livre X diversões eletrônicas

Paradoxalmente, mesmo quando as pessoas mais precisam se movimentar, as horas de atividade física e de lazer junto à natureza estão sendo substituídas por divertimentos eletrônicos. Nos Estados Unidos, o declínio da frequência em parques e reservas nacionais preocupa as autoridades.

Desde 1987, os norte-americanos têm acampado menos. "A cada ano, as pessoas têm entrado menos em contato com a natureza. Seriam necessárias mais 80 milhões de visitas este ano para igualarmos o número per capita de 1987", disse a ecóloga Patricia Zaradic, do Environmental Leadership Program.

Zaradic e o biólogo Oliver Pergams, conservacionista da University of Illinois, em Chicago, analisaram o número de acampamentos e visitas a parques e florestas, a quantidade de licenças para caçar e pescar e constaram que elas tiveram seu pico entre 1981 e 1991, mas vêm declinando cerca de 1% ao ano desde então, chegando a uma queda acumulada de 25%.

Pesquisas semelhantes em parques da Espanha e do Japão mostram a mesma tendência de queda. Os estudos não chegaram a uma conclusão sobre os motivos que têm afastado o público de um hábito que já foi bem mais popular. Presume-se que as opções eletrônicas caseiras (Internet, tevê por assinatura, jogos eletrônicos) associadas aos transtornos e despesas com o trânsito, além da queda de segurança, estão entre as causas desse afastamento.

É uma pena, pois o lugar ideal para se fazer exercícios e se respirar mais oxigênio é em meio ao verde dos parques. Em suas longas alamedas arborizadas pode-se caminhar ou correr, fazendo o exercício aeróbico aconselhado pelos médicos a pessoas de todas as idades.

Aeróbico, ou aeróbio, é o exercício feito sem déficit de oxigênio, em um ritmo que pode ser suportado pelo praticante durante um período mais longo. É aquele em que, durante o esforço, a respiração continua praticamente normal e o coração não tem uma aceleração excessiva (ao contrário do anaeróbico, realizado em débito de oxigênio, como nas provas rápidas do atletismo).

A freqüência cardíaca exata para se manter em atividade aeróbica depende do condicionamento de cada um. Um atleta pode correr os 42 quilômetros da maratona sem que seu corpo entre em déficit de oxigênio, mas uma pessoa sedentária, que está iniciando a atividade física, talvez perca o fôlego simplesmente ao acelerar a caminhada.

O interessante é que qualquer um que comece a se mexer regularmente notará progressos em seu rendimento físico. Aos poucos, o limite aeróbico será esticado, pois, fortalecido e maior, o músculo do coração baterá menos vezes para mandar a mesma quantidade de oxigênio para as células.

Obviamente, o exercício é mais bem aproveitado quando feito ao ar livre, mas os grandes centros urbanos estão sofrendo com o aumento do trânsito e da violência, o que faz as pessoas pensarem duas vezes antes de se deslocar para longe de suas casas. Em São Paulo, isso tem levado clubes tradicionais a uma situação crítica.

Por outro lado, academias de ginástica e musculação proliferam por todos os bairros, tornando-se uma opção mais viável. Assim, o percurso entre as árvores é substituído pela esteira; a bicicleta existe, mas não sai do lugar; e as toras de madeira são trocadas por halteres coloridos.

A natureza está apenas cobrando o que é dela. Depois de passar milhões de anos desenvolvendo nossos músculos, ossos e organismo para o esforço físico, não quer nos perder para o sofá da sala, a cadeira do escritório ou o banco do carro. É justo.

Então, como agora até as malas vêm com rodinhas, os prédios têm elevadores e as lojas escadas rolantes; como rachar lenha foi substituído por um clique no acendedor de gás; e nem precisamos sair do lugar para mudar o canal da tevê, o que nos resta é buscar meios artificiais de fugir da atrofia muscular.

O *boom* das academias

De uma atividade essencialmente masculina, que visava apenas desenvolver os músculos, frequentar uma academia de ginástica passou a ser um dos programas preferidos das mulheres a partir da década de 1980, quando a atriz Jane Fonda lançou seu primeiro vídeo da série *Workout*. Conhecida desde 1971, quando a professora Jack Sorensen criou exercícios simples executados ao som de músicas, e consagrada em 1985, quando Barbie Allen lançou o livro *A dança aeróbica*, prometendo a perda de 500 calorias por hora, a ginástica aeróbica foi o apelo que faltava para as mulheres invadirem as academias.

Quanto aos homens, foram estimulados a ter músculos tão salientes como os dos astros de cinema Sylvester Stallone e Arnold Schwarzenegger, ao mesmo tempo em que eram incentivados a correr ao ar livre ou em esteiras elétricas, graças aos métodos revolucionários de Kenneth Cooper e seu famoso teste de Cooper.

De segmento quase excêntrico até os anos 1970, o ramo das academias se tornou um dos mais rentáveis no mercado de serviços. Não há estatísticas precisas, mas calcula-se que 60 milhões de pessoas malhem regularmente, das quais um terço nos Estados Unidos, onde esse mercado cresceu mais de 60% nos últimos sete anos e hoje fatura 10,6 bilhões de dólares anuais.

Alemanha e Itália têm por volta de seis milhões de praticantes, Brasil e Grã Bretanha, cinco e Canadá, três. No Brasil, com aproximadamente 7.500 academias e faturamento superior a 2 bilhões de reais, o setor cresceu 100% nos últimos dez anos e hoje emprega cerca de 40 mil professores de Educação Física.

Mais do que um templo do culto ao corpo, as academias se tornaram centros de convivência e bem-estar. Antes exclusivas dos jovens, hoje — principalmente em Países do Primeiro Mundo — recebem um grande público adulto e de terceira idade, interessado em retardar os efeitos do envelhecimento.

As mais modernas oferecem as últimas novidades em aparelhos e em modalidades de atividade física orientada, como cardio *fitness*, condicionamento, tai chi chuan, *step*, hidroginástica, ioga, ginástica em grupo e vários tipos de aeróbica. Além das opções, o objetivo é cercar o praticante de um ambiente agradável, com som, tevê e até sauna e bar. Algumas incluem também um setor de *wellness*.

Na Alemanha, país europeu onde esse mercado é mais desenvolvido, as pequenas academias estão desaparecendo, substituídas por imensos e luxuosos centros de *fitness* e *wellness*, com piscinas, saunas, massagens e terapias alternativas contra o estresse.

Paralelamente às academias, cresce o ensino e o interesse por outras práticas benéficas à saúde física e mental, como a ioga. Capaz de acalmar a mente e deixar o corpo mais forte e alongado, a ioga tem 15 milhões de adeptos nos Estados Unidos e, calcula-se, 5 milhões no Brasil, número que cresceu 100% nos últimos cinco anos.

A moda da malhação e a preocupação em retardar o envelhecimento acabaram favorecendo a indústria farmacêutica, que em 2002 teve um faturamento mundial de 20 bilhões de dólares — desde Viagra até vitaminas e complementos nutricionais —, que, segundo estudos do Deutsche Bank, deverá saltar para 41 bilhões de dólares até 2010.

Carga de exercícios por idade

Aos cinco anos, a criança já pode praticar atividades que desenvolvam seu equilíbrio e sua capacidade motora, como brincar com bola, por exemplo. Mas é cedo para fazer esforços físicos.

Na pré-puberdade, não se deve correr mais do que cinco quilômetros (pré-puberdade = meninos entre 12 e 16 anos, meninas entre 9 e 15 anos).

Pessoas na faixa dos 30 anos devem ter uma rotina dividida em 80% de exercícios aeróbicos e 20% de condicionamento muscular; aos 40, a proporção deve ser de 70% de corrida e 30% de musculação e, aos 60, 55% de exercícios aeróbicos e 45% de musculação.

O idoso precisa fazer meia hora de exercícios por dia, quantas vezes por semana puder. Não precisa ser contínuo. O que importa é que ao fim do dia ele tenha cumprido 30 minutos de atividade física, como subir e descer escadas, ir ao mercado ou à praia. Se conseguir isso, já terá um preparo físico adequado.

Exercícios para o cérebro

Durante muito tempo, acreditou-se que, com a idade, corpo e mente caminhariam, inexoravelmente, para a doença e a decrepitude. Há umas três décadas, constatou-se que é possível prolongar por muitos anos a saúde e a higidez do corpo. Mas o cérebro, coitado, continuou esquecido. Até que, no final do século 20, surgiu a Neurociência e, com ela, a neuróbica — isso mesmo, a aeróbica para os neurônios —, que veio melhorar o fôlego de nossas idéias.

A neuróbica surgiu com o livro *Mantenha o seu cérebro vivo*, lançado em 2000 pelos norte-americanos Lawrence Katz, professor de neurobiologia, e Manning Rubin, redator publicitário. Baseados nas teses da Neurociência, de que o cérebro, apesar de envelhecer, continua a possuir uma capacidade extraordinária de crescer e mudar o padrão de suas conexões, Katz e Manning apresentam um programa de exercícios para deixá-lo em forma.

Diferente dos exercícios mentais usados até então, como jogos de cartas, quebra-cabeças ou xadrez, eles pregam que o cérebro deve viver experiências inusitadas, usando os cinco sentidos (visão, paladar, olfato, audição e tato) combinados com o "sentido" emocional.

Alguns dos exercícios propostos pela neuróbica são: vestir-se de olhos fechados, escovar os dentes com a mão contrária, cumprimentar um vizinho que você nunca cumprimenta, andar pela casa de costas, usar o relógio de pulso no braço direito, decorar uma palavra por dia de uma língua estranha etc.

Para dar resultado, a prática deve ser diária. Uma boa maneira de exercitar o cérebro é pensar em um filme ou um artista que nos impressionou e tentar lembrar-lhes os nomes. Quanto aos números, a maneira mais eficaz de não esquecê-los — seguindo uma estratégia usada pelos melhores jogadores de cartas — é associá-los a emoções.

Por exemplo: você precisa decorar o número de telefone 5864-1114. Há muitas maneiras de fazê-lo, mas uma das mais fáceis é associar os números, dois a dois, a datas importantes para você. Melhor se forem dias, meses ou anos de aniversários de pessoas conhecidas, você inclusive. Mas podem ser apenas datas marcantes. No meu caso, que adoro futebol, eu lembraria assim: 58 — ano da primeira Copa do Mundo que o Brasil ganhou; 64 — ano em que o Santos goleou o

Botafogo de Ribeirão Preto por 11 a 0; 11 — número de jogadores de um time de futebol (e os gols que o Santos marcou no Botafogo); 14 — duas semanas, a duração de uma Olimpíada.

O objetivo da neuróbica é criar novas conexões cerebrais e manter o cérebro saudável. Ao contrário do que imaginavam os neurologistas, já se admite que quando algumas regiões do cérebro ficam comprometidas, em um acidente, por exemplo, outras podem se adaptar para suprir sua falta. Ou seja, a capacidade de expansão cerebral ainda está longe de ser totalmente mapeada.

Com os exercícios, o cérebro aumenta sua capacidade de raciocínio e se torna mais resistente ao declínio da memória. Porém, além dos exercícios, há outras formas de estimular zonas "esquecidas" de nossa mente. Comece por experimentar algum programa ou atividade intelectual de que você não gosta mesmo sem conhecer. Detesta ópera sem nunca ter ido? Pois vá. Não uma, mas duas, três vezes. Só então faça um juízo definitivo. Mesmo que continue não gostando, já terá expandido algumas conexões neurais.

Mude o exemplo para o teatro, o cinema, o futebol, um *show* de música... De preferência, procure algo que a maioria aprecie. A chance de que seja realmente interessante é maior. Se me permite um depoimento pessoal, faço isso há muito tempo, com ótimos resultados. Já me obriguei a ler artigos e livros, assistir a documentários e visitar exposições que, a princípio, julguei que seriam uma chatice. Pois não só me surpreendi como em muitos casos fiquei fã. O livro *Moby Dick*, de Herman Melville, é o meu melhor exemplo.

Há muito tinha um exemplar, publicado pela Companhia Editora Nacional em 1957 e traduzido por Adalberto Rechsteiner e Monteiro Lobato. Tentei ler uma vez, mas parei na segunda página. Porém, de tanto saber que leitores famosos o consideravam o melhor livro de aventuras já escrito, respirei fundo e me propus ao menos terminar o primeiro capítulo. Consequência: li o livro inteiro e também passei a considerá-lo o melhor romance de aventuras que conheço.

Assim, além de praticar a neuróbica, com exercícios para sensibilizar pequenos grupos de neurônios, por que não agitar grandes porções de massa cinzenta, nos permitindo compreender conceitos mais amplos de arte, ideologia, ciência e outros temas que sempre evitamos?

Muitas vezes, ainda na infância e na adolescência, criamos uma resistência absoluta a certas atividades, como se fossem proibidas a nós ou não tivéssemos a mínima aptidão para exercê-las. Quantos não tiveram uma decepção nas primeiras aulas de Educação Física e resolveram que nunca mais praticariam esporte na vida? Ou foram ironizados pelos primeiros garranchos e resolveram abandonar o desenho?

Incrível como uma imagem negativa pode nos acompanhar por toda a vida... Muitos podem chegar à terceira idade sem nunca mais terem tentado novamente. Pois é aí que a neuróbica radical tem de entrar em ação. Pinte, escreva, cante, dance, faça o que sempre quis fazer e certamente terá uma agradável surpresa.

Há muitos casos de pessoas que, por exemplo, passaram a pintar na meia-idade, ou mesmo na velhice, e se saíram muito bem (como Winston Churchill, estadista e ex-primeiro-ministro britânico, que iniciou sua aventura com os pincéis aos 40 anos). Parece milagre, mas há explicações lógicas para isso: a sintonia fina é aprimorada com a idade, que também traz mais segurança.

Portanto, para alargar seu conhecimento e garantir sua saúde mental, prometa a si próprio que tentará enxergar e pensar as coisas de formas diferentes. Seus neurônios, saltitantes, agradecem.

Músculos e neurônios unidos

Se a atividade faz bem para o corpo e para o cérebro, por que não exercitá-los conjuntamente? Pensando nisso, psicólogos da Alemanha criaram o *brainwalk*, que já virou moda. Como o nome diz, trata-se de exercícios mentais feitos durante caminhadas ao ar livre.

Na verdade, não é algo tão novo, já que os antigos gregos também preferiam filosofar enquanto passeavam. Para a psicóloga Stefanie Probst, diretora da Sociedade de Treinamento Cerebral de Hamburgo, "a capacidade de rendimento intelectual é 20% maior quando se anda do que ficando sentado".

Instrutores do *brainwalk* afirmam que ele "fortalece a memória, a concentração e a criatividade" e criticam as escolas modernas, que obrigam os alunos a aprender sentados, sem se movimentar.

Na Sociedade de Treinamento Cerebral, os jovens fazem exercícios para melhorar a concentração e a capacidade de aprendizagem.

Os psicólogos concordam que dez minutos de exercícios diários são suficientes para isso. Em Hamburgo, as aulas de ativação cerebral ocorrem no jardim botânico da cidade e contam com cerca de uma dúzia de pessoas, a maioria adultos e gente mais velha. O grupo segue a mentora em um passeio instrutivo. Podem ter de dizer rapidamente o maior número de palavras começadas por uma determinada letra, ou, de olhos fechados, distinguir algumas plantas apenas pelo cheiro e o tato.

A eficácia de um treinamento que reúna atividade física e exercícios para o cérebro foi comprovada em um estudo feito pelo Instituto de Psicogerontologia da Universidade de Erlangen, com 375 pessoas de 75 a 93 anos. Para os pesquisadores, ficou comprovado que "uma combinação dos treinamentos de memória e de movimento detém o processo de envelhecimento do cérebro".

Em outras partes da Alemanha, como na região da Floresta Negra, o *brainwalk* ganhou uma conotação mais ecológica com a criação dos chamados parques pé-no-chão (Barfuss Parks), onde as pessoas passeiam descalças para sentir e reconhecer o solo pelo tato da sola dos pés, o que também estimularia as áreas correspondentes do cérebro.

Não há comprovação de que tocar a terra com os pés descalços possa exercer influências em regiões do cérebro, mas há evidências de que a atividade física promove uma sensação de calma e relaxamento. Isso acontece porque o exercício faz o corpo liberar endorfina, hormônio produzido pelo organismo que tem efeitos semelhantes ao da morfina, que provoca uma sensação de prazer e age contra transtornos da afetividade, como depressão, ansiedade e síndrome do pânico.

Quanto mais intenso o exercício aeróbico, maior a liberação da endorfina e a duração de seu efeito, que pode chegar a até três horas após a atividade. Como auxilia na circulação, a liberação da endorfina contribui para uma melhor oxigenação do cérebro, fechando o elo entre corpo e mente.

Sem afeto, nada feito

Uma alimentação saudável e exercícios físicos e mentais regulares garantem a saúde. Uma relação equilibrada com o trabalho e o dinheiro faz sobrar tempo para o lazer, a meditação, a paz. Tudo isso pode ser definido como uma boa qualidade de vida. Mas seria sinônimo de felicidade?

Para os especialistas ouvidos pelo jornal *The Independent*, ainda não. As atividades aeróbicas — como caminhar, jogar tênis em duplas ou passear de bicicleta — realmente diminuem a depressão por liberarem a serotonina, mas não bastam nos casos mais agudos.

Sessões de psicoterapia são muito eficientes contra estados depressivos, mas ainda insuficientes para acabar com os estados de tristeza mais profundos. Nesses casos, precisam de algo que está à mão, mas que nem sempre valorizamos: a amizade.

Isso mesmo. A solidão é uma das causas crônicas da tristeza e a única forma de combatê-la é sair do casulo, fazer amizades, relacionar-se com os amigos, manter contato com as pessoas. Além de conversar, o contato físico é essencial. Apertos de mão? Mais: abraços!

O departamento de psiquiatria da Universidade da Carolina do Norte, nos EUA, estudou o assunto e chegou à conclusão de que o simples gesto de abraçar as pessoas tem relação direta com a qualidade de vida, pois com a troca de calor e afeto o corpo passa por uma mudança positiva de hormônios: reduz o cortisol, o hormônio do estresse, e eleva o nível de substâncias químicas, como a serotonina e a dopamina, responsáveis por gerar no cérebro e no organismo uma sensação de segurança e felicidade.

Um abraço faz mais: diminui a pressão sanguínea, desacelera os batimentos cardíacos e estimula o sistema imunológico, diminuindo a possibilidade de doenças do sistema cardiovascular.

A escritora norte-americana Kathleen Keating, autora do livro *A terapia do abraço*, defende que o contato físico não é apenas agradável, mas também necessário, principalmente num período em que muitas pessoas estão se comunicando apenas virtualmente: "Por vivermos em uma época que valoriza a razão e a tecnologia, perdemos a consciência dos sentimentos. Quando nos tocamos e nos abraçamos, valorizamos o amor e a cumplicidade, o que alivia a dor, a depressão e a ansiedade", afirma.

Kathleen exorta todo mundo a praticar o abraço com mais frequência: "A terapia do abraço não é apenas para os solitários ou para pessoas emocionalmente machucadas. Ela pode tornar mais saudável quem já é saudável, mais feliz quem já é feliz e fazer com que a pessoa segura se sinta ainda mais segura", proclama.

A sensação de prazer físico vem do contato com o calor do outro corpo e das terminações nervosas localizadas nas mãos. Qualquer toque ou carícia tem a propriedade de liberar os hormônios do bem-estar e dar uma sensação de tranquilidade. Como o abraço envolve uma grande área do corpo, os benefícios são ainda maiores. "Existe algo poderoso em nossos braços, mãos e dedos que faz alguém se sentir amado e cuidado com um simples abraço", reforça Kathleen.

Na verdade, o mundo está sofrendo de falta de contato físico. As pessoas se abraçam pouco porque não foram abraçadas quando crianças. Chegou-se ao ponto de que, para alguns, é mais fácil concluir negócios milionários que abraçar alguém, mesmo que esse alguém seja seu próprio filho.

Um documentário mostrou que nas seletas comunidades do Vale do Silício, onde vivem alguns dos novos ricos gerados pelo mercado vertiginoso da Internet, mamães tinham de receber aulas para aprender a abraçar e fazer carinho em seus filhos pequenos. *Workaholics* ao extremo, capazes de gerenciar negócios de milhões de dólares, elas se sentiam extremamente inseguras na primordial função materna.

A vida simples não pode prescindir do carinho, do afeto, do contato físico, pois ela justamente abre mão da impessoalidade do ter para valorizar o ser, com todas as suas emoções. Um adepto da vida simples é caloroso, pois aprendeu o valor inestimável de um abraço.

AINDA HÁ TEMPO?

Haverá ainda tempo para impedir a extinção da vida humana? Essa é uma pergunta que não devemos fazer aos nossos líderes, mas a nós mesmos. Porque, se não estivermos dispostos a trabalhar para isso, não haverá esperança. Será nos pequenos gestos, na mudança de atitude de cada um, que poderá ser mudada a rota que leva para o abismo.

Depois de contribuir diretamente para a extinção de tantas espécies animais, podemos estar a caminho da própria cova que cavamos. Os sinais do aquecimento global são visíveis, apesar de alguns cientistas defenderem que ele não é necessariamente provocado pela emissão de gases (existe a possibilidade de que seja causado por uma onda de explosões solares que acontecem a cada 300 anos).

De qualquer forma, os efeitos do aquecimento do planeta são apenas os mais espetaculares, mas não os únicos que podem nos levar à extinção. Mesmo que a Terra se mantivesse na mesma temperatura, apesar das emissões excessivas de gases tóxicos, ainda assim a vida estaria em perigo devido aos índices abusivos de poluição. A maior parte dos rios está poluída e o ar de muitas cidades é irrespirável. Nesse ritmo, haverá muitos lugares que logo se tornarão inabitáveis.

Muitos sabem desses riscos e tentam fazer alguma coisa. Os movimentos ecológicos e os adeptos da vida simples são alguns deles. Mas a maior parte da população, seduzida pela propaganda da sociedade de consumo, acredita que os recursos naturais continuam inesgotáveis e que comprar coisas é o único caminho para a felicidade.

Com exceção de alguns países da Europa, a destruição do meio ambiente segue em um ritmo muito mais acelerado do que a sua restauração. Chegou-se a um ponto em que não é mais possível esperar que as pessoas se conscientizem. Os governos têm de agir.

As últimas florestas, como a da Amazônia e a do Congo, estão sitiadas por madeireiros e caçadores que a cada dia fecham mais o cerco. Essas últimas e ricas reservas de vida animal e vegetal não podem mais ser protegidas apenas por grupos de idealistas desarmados. Ou os governos encampam essa luta ou logo, logo a Terra se tornará um planeta marrom.

Mas, enquanto a questão da miséria e da fome não for enfrentada por todos os países em conjunto, não parecerá ético priorizar a questão do meio ambiente. Entre cortar uma árvore e alimentar sua família e não cortá-la e passar fome, o habitante das últimas áreas verdes sempre preferirá a primeira opção.

Uma das soluções é tornar o turismo ecológico uma poderosa indústria mundial, rica e organizada, capaz de gerar empregos e desenvolver as regiões ameaçadas sem destruir sua natureza. Transformar santuários ameaçados em fontes de receita é uma maneira inteligente de reverter a situação.

Ao menos o assunto já não é tratado com o desdém de outrora. A preocupação com o meio ambiente chegou a governantes, empresários, enfim, a quem pode decidir pelo destino de muitos outros. A questão ambiental finalmente passou a ser assunto de alta prioridade na agenda dos governos.

China, uma montanha no sapato

Não dá mais para ignorar a China. Olhada primeiro com curiosidade, depois retaliada pelas potências ocidentais e o Japão, a grande nação asiática só foi levada a sério depois que Mao Tse-Tung empreendeu a revolução comunista; passou a ser temida a partir de 1964, quando testou sua primeira bomba atômica; mas só é respeitada agora, quando seu crescimento desequilibra a economia — e o meio ambiente — da Terra.

Em 2007, o país assumiu a condição de maior poluidor do planeta, emitindo 14% a mais de dióxido de carbono do que os Estados

Unidos. O pior é que a China deve poluir cada vez mais, pois ainda vive um grande surto de crescimento industrial, depende muito do carvão e tem se destacado em alguns setores industriais dos mais poluentes, como cimento, alumínio e cerâmica.

Na emissão de dióxido de carbono per capita, os norte-americanos ganham disparado, com 19,4 toneladas anuais, contra 5,1 toneladas dos chineses. Mas não se pode esquecer que a China tem mais do que quatro vezes a população norte-americana (1,3 bilhão contra 300 milhões) e que se a poluição *per capita* fosse semelhante o mundo já estaria perdido.

O ar de algumas cidades chinesas, cobertas por um céu eternamente cinzento, já é irrespirável (a poluição de Pequim, com nove milhões de habitantes, foi muito criticada durante os Jogos Olímpicos). E outra má notícia é que, se não houver um controle do consumo e do uso do automóvel no país, a poluição deverá quadruplicar em 15 anos.

Diante dessas informações, começa a surgir uma pressão internacional para que o governo chinês assine um acordo sobre o clima no planeta. Mas tanto China como Estados Unidos, justamente os que poluem mais, não assinaram o Protocolo de Kyoto, tratado em vigor que regula as emissões de gases de efeito estufa. A expectativa é de que os dois países participem de um novo acordo a ser discutido e assinado em Copenhague no final de 2009.

Como se pudessem ser felizes apenas fechando a porta de casa, os países ricos trataram de se desenvolver individualmente, sem se dar conta de que o planeta é um organismo vivo e interligado. Agora, não se pode mais subestimar os países pobres ou em desenvolvimento, pois a fumaça que eles fazem, ou ainda farão, certamente entrará pelas frestas da janela e estragará o sabor do jantar.

Com apenas 20% da população da Terra, os países desenvolvidos detêm 80% da economia, 75% dos metais, 85% da produção de madeira e consomem 70% da energia do planeta. Se os outros países os imitassem, a quantidade de combustível fóssil consumida por ano aumentaria dez vezes, e a de recursos minerais, duzentas vezes.

Quando perguntaram a Mahatma Gandhi se depois da independência, a Índia seguiria o estilo de vida britânico, ele disse: "A Grã-

Bretanha precisou de metade dos recursos do planeta para alcançar sua prosperidade; quantos planetas não seriam necessários para que um país como a Índia alcançasse o mesmo patamar?".

A questão é esta: os países ricos precisam frear seu crescimento para que os pobres possam crescer sem afetar o meio ambiente. Mas será que as economias mais poderosas do momento — China e Estados Unidos — estão dispostas a isso? Dos chineses, a não ser que os norte-americanos deem o primeiro passo, não se pode esperar nenhuma intervenção relevante no sentido de reduzir a emissão de gases tóxicos.

Sem que os dois gigantes sentem à mesa para buscar uma saída para si próprios e para o planeta, qualquer tentativa de despoluir a Terra será pouco mais do que um placebo. A verdade é que os chineses pegaram o bonde andando, mas gostaram do passeio e não querem descer. Enquanto estiverem imersos na euforia do consumo, o mundo não dormirá em paz.

Longa vida às florestas

Uma floresta perdida provavelmente nunca mais será recomposta. Um estudo feito pela Universidade Federal do Paraná concluiu que seriam necessários de 100 a 300 anos para recuperar a área da Mata Atlântica destruída nos últimos 20 anos. Entretanto, para recompor toda a sua biodiversidade seriam precisos de mil a quatro mil anos. Ou seja, cada floresta do mundo é uma jóia rara e delicada, de valor incalculável, e por isso deve ser eternamente protegida.

A cada ano, florestas virgens com o tamanho de uma Suíça e meia são desmatadas para a extração de madeira. A cada dia, seres humanos são responsáveis pela extinção de no mínimo três espécies de animais. Há muito a situação tornou-se insustentável.

Os representantes de 191 de 250 organizações ambientais que participaram, em junho de 2008, da Convenção de Mudança Climática da ONU, em Bonn, na Alemanha, concordaram que os países devem se unir para preservar as florestas e espécies em extinção. Como um passo concreto nesse sentido, estudou-se a criação de um imposto sobre o comércio internacional, a fim de financiar projetos ambientais e iniciativas sustentáveis nos países em desenvolvimento.

Um exemplo dessa iniciativa já pode ser sentido na Floresta da Bacia do Congo, na África, preservada por uma parceria entre Estados Unidos, Europa e países ao longo do rio Congo. Os biólogos, animados, já catalogaram mais de dez mil plantas e 400 espécies de mamíferos nessa que é a segunda maior floresta tropical contínua do mundo e um dos sistemas mais eficientes de armazenamento de carbono do planeta.

Para o ambientalista Hans Schipulle, que trabalha para o governo alemão, essa floresta "armazena dióxido de carbono e, portanto, ajuda a desacelerar o aquecimento global. Ela também regula o suprimento de água do planeta e tem muitas plantas medicinais".

Em grande parte intacta, a floresta tropical do Congo tem sido assediada por investidores internacionais, interessados em seus diamantes, minérios, plantações e madeira. Mas os ambientalistas querem que a comunidade internacional pague para manter a floresta como ela está hoje — e já receberam um sinal positivo do Banco Mundial, interessado em incorporar a Bacia do Congo em seu programa Parceria de Carbono Florestal.

O desmatamento nas regiões tropicais é responsável por cerca de 20% da mudança climática. Portanto, proteger a floresta significa proteger o clima. Mas o processo não deverá ser tão simples. O que aconteceu na aldeia de Bayanga, no Congo, é um exemplo das dificuldades dos ambientalistas em impedir o desmatamento. Schipulle e seus parceiros conseguiram que uma madeireira que explorava os 4.520 quilômetros quadrados da floresta fosse fechada. Mas isso fez com que 370 pessoas perdessem o emprego. Um projeto de ecoturismo patrocinado pelo Fundo Mundial para a Natureza (WWF) e pela Sociedade Alemã para Cooperação Técnica (GTZ) empregou 94 pessoas, o que rendeu para a comunidade 15.500 dólares por ano, uma renda insuficiente para reduzir a pobreza.

Enquanto isso, o Brasil, segundo um estudo feito pela Empresa Brasileira de Pesquisa Agropecuária (Embrapa), continua sendo o País com a maior extensão de florestas do mundo: 28,3% do total do planeta. Segundo o levantamento, encomendado pelo Ministério da Agricultura, "apesar do desmatamento dos últimos 30 anos, o Brasil é um dos países que mais mantêm sua cobertura florestal, com 69,4% de florestas primitivas".

O governo brasileiro também estuda a criação de um imposto sobre o comércio do Mercosul para preservar a selva amazônica e outros *habitats* do continente. Calcula-se que o interesse mundial pela Amazônia poderia atrair cerca de quatro milhões de turistas ao Brasil nos próximos dez anos, desde que a região tivesse infra-estrutura para recebê-los, o que ainda é pouco mais do que utopia.

De qualquer forma, com 34 parques nacionais, 23 reservas biológicas e 14 áreas de proteção ambiental — totalizando 31 milhões de hectares, que correspondem a 37% da extensão do País —, o Brasil tem tudo para se tornar um grande exemplo de que o turismo ecológico, ou ecoturismo, é a solução para o crescimento sustentável e pode proporcionar o desenvolvimento econômico sem prejudicar o meio ambiente.

O otimismo do doutor Sachs

Ao menos para um homem nem tudo são sombras no futuro da humanidade. E não se trata de um homem comum. O norte-americano Jeffrey David Sachs, nascido em Detroit em 5 de novembro de 1954, doutor em economia pela Universidade de Harvard e diretor do Instituto da Terra da Universidade de Columbia, é uma das pessoas mais influentes do planeta e tem certeza de que ele tem cura.

Com um currículo admirável, Sachs consegue conciliar o pragmatismo de sua profissão com uma elogiosa preocupação humanitária. Sua atuação como conselheiro no Fundo Monetário Internacional (FMI), no Banco Mundial, na Organização Mundial de Saúde e no Programa de Desenvolvimento das Nações Unidas lhe permite associar números a pessoas e lhe dá uma visão que vai muito além da Economia.

"Apesar de estar lidando com os mais pobres e ter visto coisas horríveis, estou muito otimista porque esses problemas podem ser resolvidos", diz Sachs. "Nossa geração poderá ser aquela que acabou com a miséria no planeta. Não sou adivinho, mas como economista treinado em desenvolvimento digo que há um caminho. Não há razão nenhuma para não vivermos em harmonia e, ao mesmo tempo, combatermos a pobreza extrema e termos desenvolvimento sustentável."

Autor do livro *O fim da pobreza*, Sachs acredita que mesmo que a renda *per capita* mundial aumente 4,5 vezes e a população da Terra cresça 40% até 2050, o que obrigaria a um aumento de 600% na produção, esse crescimento seria viável — desde que houvesse incentivos, uma tecnologia adequada e uma interação entre instituições políticas e sociais.

Ele também acredita piamente no fim da pobreza extrema até 2025 e na maior estabilidade econômica nos países ricos; acha que até 2050 a população mundial se estabilizará em oito bilhões de pessoas, ou menos, e os sistemas sustentáveis de energia e uso apropriado de terras e recursos evitarão os perigos da mudança climática, a extinção de espécies e a destruição dos ecossistemas. Para isso, ele recomenda "uma nova abordagem para a solução dos problemas globais com base na cooperação entre as nações e o dinamismo e a criatividade do setor não-governamental".

Muito preocupado com a miséria da África e com os limitados recursos financeiros de muitas nações, Sachs defende que a dívida de "no mínimo uma dúzia de Países" com o FMI seja 100% perdoada e que os Estados Unidos, a Europa e o Japão contribuam maciçamente para a recuperação dos Países africanos. "A aids só se espalhou pelo mundo porque os países africanos não tinham a mínima condição de combatê-la logo que ela surgiu", explica.

Para ele, a questão da energia também não é tão trágica. Os combustíveis fósseis, as energias renováveis e a disponibilidade de água doce são suficientes para manter o crescimento até a metade do século, dando tempo para que o petróleo seja gradativamente substituído pelo carvão e outras fontes de energia. O grande desafio da humanidade, segundo o doutor Sachs, é manter o crescimento sem interferir no meio ambiente. Mas ele acha que isso pode ser conseguido com incentivos que somarão menos de 1% da renda global. Com mais 1%, ele acredita que serão conseguidos a eliminação da pobreza e o controle populacional.

A vida simples pode salvar o planeta?

Mais bem reformulada, essa pergunta deveria querer saber se ainda é possível salvar o homem, pois a Terra terá todo o tempo do mundo para se recuperar depois que nós não estivermos mais aqui. Ela precisará apenas de um segundo em sua história, ou alguns séculos na nossa, para voltar a ser tão magnífica como foi por milhões de anos.

De qualquer forma, a resposta a essa pergunta é sim. Um estilo de vida que, voluntariamente, consuma menos; produza menos lixo (e ao ser produzido, reciclado); que seja amante e protetor da natureza; que se baseie em valores absolutos, como a amizade, o amor, e não em valores relativos, como o *status*; que respeite e admire a arte, as letras, as qualidades do intelecto; e que, acima de tudo, adore a ética como se fosse um deus, sim, essa vida positivamente reequilibrará os homens e o planeta.

Se um estilo mais simples de vida tivesse sido incentivado desde o final da Segunda Guerra Mundial, quando a propaganda passou a ditar a forma de as pessoas viverem, obviamente o planeta não teria se metido nessa enrascada. Mas a verdade é que o mundo ainda não estava preparado para ela.

Como saberíamos nos alegres anos 1950 que aqueles maravilhosos aparelhos eletrodomésticos, que traziam conforto e prazer, e aqueles carros enormes, que nos davam a sensação de poder e virilidade, em pouco tempo nos levariam a um beco sem saída?

Não consta que alguma voz tenha se levantado para prevenir sobre o tenebroso futuro que nos esperava. Mergulhamos de cabeça na febre do progresso, envolvidos pela roda viva de trabalhar, ganhar dinheiro, comprar, trabalhar, ganhar dinheiro, comprar, trabalhar...

Se a comunidade científica, que se empenhava em produzir bombas de alta destruição — como a atômica e a de hidrogênio — para alimentar a Guerra Fria, tivesse perdido alguns minutos para prever as consequências do desenvolvimento industrial, certamente o alerta teria sido dado há muito mais tempo. Mas a maioria dos cientistas do pós-Guerra, radicados nos Estados Unidos, vivia muito bem graças ao sistema capitalista. Por que se insurgiriam contra quem lhes pagava os salários?

Se o lema "Pouco, Pequeno, Perto", que embala os seguidores da simplicidade voluntária, tivesse sido defendido não só pelos cientistas sociais, mas também pela imprensa e pela propaganda, obviamente as populações seriam convencidas e os governos teriam de lhes fazer a vontade.

O *american way of life* provavelmente seria substituído por um *ethical way of life* que influenciaria o mundo. As pessoas não só aprenderiam a se satisfazer com menos, do ponto de vista material, como seriam muito mais exigentes com relação aos critérios morais. As casas e os carros seriam menores, as ruas teriam ciclovias movimentadas e as calçadas seriam largas e arborizadas, pois haveria muita gente andando por elas.

Os rios teriam peixes, o ar, mais oxigênio, haveria mais matas e mais animais. As pessoas seriam mais magras, mas não passariam fome. Não haveria desperdício e um sentimento universal de solidariedade não permitiria que alguns Países fossem tão mais pobres do que outros.

As guerras virariam escaramuças, pois não haveria armas de grande poder destrutivo. Sem flagrantes injustiças sociais, a criminalidade seria pequena e as pessoas poderiam passear pelas ruas até altas horas da noite.

Os artistas e atletas continuariam sendo grandes ídolos, mas igualmente respeitados seriam os virtuosos e os pensadores, pois eles mantêm a esperança e apontam os caminhos.

Como deixou de ser implantada no momento certo, a vida simples terá um longo caminho para se restabelecer. O consumo é um vício que embriaga e dá uma sensação passageira de felicidade. Portanto, o processo de desintoxicação pelo qual deverá passar as novas gerações poderá ser longo. Os homens do futuro terão a paciência e a sabedoria necessárias para superá-lo?

Crie sua própria aposentadoria

Criar a própria aposentadoria tem muitas vantagens: você investe menos, ganha muito mais e se aposenta mais cedo. É matemático. Um pequeno valor, aplicado regularmente, se transforma em uma fortuna ao longo dos anos.

Como você deve saber, no Brasil o trabalhador só tem direito à aposentadoria integral após 35 anos de contribuição e desde que já tenha 60 anos de idade. Para se aposentar, digamos, com um salário de 3 mil reais, ele terá de contribuir com o equivalente a 11% desse valor, ou 330 reais, por nada menos que 420 meses. Pois bem. Se poupasse mensalmente esses mesmos 330 reais em uma aplicação conservadora, que lhe rendesse 0,7% ao mês, teria 841.365,94 reais ao longo desses mesmos 35 anos. Então, não espere pelos planos do governo. Faça o seu e viva sem medo do futuro.

Réveillon sem congestionamentos

Todos nós sabemos que as metrópoles ficam menos povoadas, mais agradáveis e mais humanas durante os grandes feriados. O trânsito flui como manteiga em pão quente, os pássaros cantam e o ar se torna respirável. Mas é justamente nesses momentos que as abandonamos.

Se você mora em uma dessas grandes cidades, experimente passar o *réveillon* em casa ou na casa de amigos e parentes que não fugiram. Verá que, como um milagre, sobrará mais tempo para tudo:

para fazer uma caminhada, ler, preparar a ceia, comer, beber, conversar muito, ouvir música e até cantar e dançar. Tudo isso sem a preocupação de voltar ao moroso rebanho motorizado na viagem de volta.

Desligue a tevê de vez em quando

A tevê distrai e ajuda a passar o tempo, mas é uma das piores inimigas do diálogo. Por exigir silêncio e atenção, inibe a conversa, fundamental para a comunicação e o entendimento entre as pessoas. Uma casa onde cada um pega o seu prato e vai para frente da televisão e onde qualquer observação é seguida por um "psiu!" certamente terá muito menos harmonia do que aquela na qual as pessoas fazem as refeições à mesma mesa, falando, ouvindo, enfim, interessando-se umas pelas outras.

O grande navegador brasileiro Amyr Khan Klink não tem nem luz elétrica na sua casa de praia, em Paraty. Quanto está lá, com mulher e filhas, ele quer sentir a natureza como ela é. Falar em tevê para Amyr Klink seria uma tremenda heresia. Nós não precisamos chegar a tanto, mas jantar com uma música suave e poder conversar com mulher (ou marido) e filhos, é um prazer que não devemos permitir que a tevê nos roube.

Deixe o carro na garagem

Além do benefício natural que traz para a saúde, andar pelas ruas do lugar em que mora é um dos prazeres ancestrais do homem. Caminhar em meio aos aromas e pregões da feira livre, ir ao sapateiro, à farmácia, buscar o pãozinho quente na padaria, cortar o cabelo no salão da esquina... Conhecer as pessoas que vivem e trabalham no seu bairro vai fazê-lo sentir-se mais integrado ao seu ambiente. Sem contar as descobertas que essas andanças podem desvendar quando realizadas sem pressa. Quantas pracinhas verdejantes, ruas misteriosas e vilinhas românticas não se esconderão eternamente de seus olhos se não forem visitadas a pé? Quem faz tudo de carro priva-se dessas sensações e dessas visões deliciosas, que só os pedestres usufruem.

Não deixe de visitar o "seu" Louvre

Conhecer o Louvre é um programa obrigatório para quem visita Paris pela primeira vez. Até quem nunca foi a uma exposição de artes plásticas se dispõe a permanecer horas em pé observando algumas das obras-primas da humanidade. O curioso é que boa parte dessas pessoas vem de cidades e países que também possuem museus, e jamais os visitaram. O que isso quer dizer? Que se visita o Louvre porque virou moda ou porque a maioria das pessoas só vai a museus na condição de turistas.

É importante visitar o Louvre, mas não para depois contar aos amigos, e sim para tentar entender um pouco da história do homem e apreciar e absorver a estética e a linguagem da arte. E quem gosta realmente de ser tocado pela mensagem dos artistas não deixa de visitar os museus de sua terra, porque, na essência, eles têm a mesma função e importância do Louvre.

Surpreenda. Demonstre afeto a qualquer hora

Não precisamos que a publicidade nos diga quando devemos nos lembrar das pessoas queridas. Dia dos Pais, Dia das Mães, dia não sei de quem... Você precisa disso para não se esquecer de quem é importante em sua vida? Não, não permita que o rebanho de publicitários, lojistas e consumidores crie para você uma agenda sentimental. Liberte o seu coração. Acaricie, beije, abrace, telefone, presenteie quando sentir vontade. Demonstre o seu amor a qualquer hora.

Pra ontem? Que tal pra depois de amanhã?

Vivemos a era do imediatismo. Já não querem mais as coisas pra hoje. Tem de ser "pra ontem". A ansiedade para conseguir o máximo no menor tempo possível está esfacelando os relacionamentos e acelerando a destruição do planeta. Estamos infringindo o ritmo atávico da natureza. É preciso dar tempo para os frutos amadurecerem, para o verão suceder o inverno, para a gestação dos filhotes, para a migração das aves, enfim, para o cio e o ciclo da Terra. Mas o homem quer acelerar esse ritmo e essa falta de paciência tem sido a raiz de todos os males.

Devemos permitir que o tempo cure as feridas, construa novos amores, crie novas oportunidades de trabalho e novos amigos, regenere a vegetação, limpe as águas, dê uma esperança de vida às espécies ameaçadas e teça o entendimento entre os povos. Não é preciso correr. Imagine que o tempo trabalha a seu favor.

Homem na cozinha, mulher no futebol

Uma mente simples é uma mente sem preconceitos, que não acredita em atividades masculinas ou femininas. Por que um homem não pode sentir prazer com a alquimia e os aromas dos temperos e se entregar a uma das grandes manifestações de carinho e arte à nossa disposição? Sim, pois, ao cozinharmos, o resultado de nosso trabalho alimenta o corpo e a alma de quem amamos. E quem disse que uma mulher não pode ser uma craque no futebol? É só ver a Marta jogar e tirar a prova.

A moda é a roupa que lhe fica bem

Já parou para pensar que quem segue a moda às vezes está muito elegante e às vezes parece um espantalho? Sim, porque nem todos os estilos de roupa combinam com todos os corpos e personalidades. A roupa, em primeiro lugar, tem de ser confortável; aquecer no frio e refrescar no calor; deve ser confeccionada com tecidos naturais, pois os sintéticos não permitem que os poros respirem; deve ter cores mais escuras no inverno e, sempre, mais claras no verão. Simples.

Seja honesto, mesmo que ninguém veja

A maior parte do povo não dá muita bola para ética ou honestidade. Não é à toa que alguns ditados populares enaltecem o oportunismo, tais como: "Achado não é roubado", "A ocasião faz o ladrão" ou "Ladrão que rouba ladrão tem cem anos de perdão". Por eles, percebe-se que vivemos em uma terra onde deixar-se corromper parece mais uma questão de oportunidade do que de índole.

Muitos se mostram indignados com a corrupção que grassa entre os políticos, escandalizam-se com os desvios de dinheiro público e pedem cadeia para quem engana os pobres, mas se tivessem acesso ao poder agiriam da mesma maneira.

Entretanto, quem escolhe a vida simples não sofre dessas tentações, pois não prioriza o lado material e já decretou para si mesmo que nunca tomará posse de um mísero centavo que não lhe pertença — mesmo que ninguém veja. Ao contrário: estará sempre disposto a dividir o que é seu com quem precisa mais. Por princípio.

Por que trocar sempre o velho pelo novo?

Mal a campanha publicitária vai para o ar e as pessoas já estão correndo para adquirir a última novidade. Possuir o que há de mais moderno dá *status*, eleva o ego e deixa o vizinho maluco. Vivemos a era da compulsão pelo novo. Todos querem estar *online* com as tendências, ninguém admite ficar para trás. O problema é que poucos param para pensar se o novo é realmente melhor do que o velho. Quem para e pensa logo percebe que a ânsia pelo novo é apenas uma epidemia, e não tem fim. É impossível, desnecessário e antieconômico querer ter tudo do mais moderno. Automóveis, por exemplo, foram programados para persistir sem grandes problemas mecânicos por oito anos. Então, por que trocá-los a cada ano? Para relaxar e gastar menos, mude o conceito de idade (velho e novo) para o de eficiência, que é o que realmente interessa.

Dê passagem, não se estresse

O campo de batalha moderno é o trânsito. Lá, toda a competitividade aflora e a briga por metros e segundos se torna vital. Homens e mulheres, jovens ou idosos, assumem uma personalidade agressiva com o volante nas mãos e dirigem como se estivessem em um rali: querem atravessar o obstáculo primeiro, deixando a confusão para os que vêm atrás. Se nos cruzamentos não houvesse um aviso ameaçador para que "nunca" fossem fechados, as cidades grandes ficariam totalmente paralisadas. Sem dúvida, o trânsito espelha o mundo competitivo em que vivemos. Mas será que é preciso ser assim?

Já experimentou dar passagem? Faça isso e constate como o motorista contemplado ficará agradecido. As pessoas que testemunharem o gesto nobre pensarão: "puxa, o mundo não está perdido", e uma onda boa vibrará no ar, incentivando outras ações parecidas. Você se sentirá recompensado e menos estressado.

Plano de saúde x hábitos saudáveis

Há muitas pessoas que se sentem mais saudáveis do que outras simplesmente porque podem pagar um plano de saúde mais caro. Um desses planos oferece um helicóptero com uma UTI, que pode salvar sua vida onde quer que você esteja. Numa emergência, isso é ótimo, mas se você quer viver muito e com saúde não pode contar com milagres de última hora.

Os planos de saúde, na verdade, deveriam se chamar planos de doença, pois só cuidam de você se houver algum problema. Sua saúde não depende de planos médicos. Você é quem deve adotar e manter hábitos saudáveis se quiser viver bem. Nós sabemos que açúcares e gorduras nos fazem mal e que, por outro lado, verduras, frutas e legumes não têm contraindicação. Sabemos, ainda, que devemos beber muita água, praticar exercícios e ter boas noites de sono. Se não seguirmos essas regras básicas, não podemos esperar que depois, num piscar de olhos, a medicina corrija males que cultivamos há anos.

Em que deus devemos acreditar?

Religião é algo tão sério que ninguém deveria escolher uma antes de conhecer todas. Mas não é assim que acontece. Logo ao nascer, somos levados a seguir as crenças da família ou comunidade. Assim, o mundo acabou dividido em grandes blocos religiosos. Os ocidentais são ovelhas do cristianismo, os árabes acreditam em Alá e os orientais preferem seguir os ensinamentos de Buda. Há outros cultos religiosos, de maior ou menor importância, e todos se dizem especiais e ignoram ou subestimam as outras crenças, quando o sensato seria aproximarem-se delas, na única saída, ecumênica, para a fraternidade entre os homens.

Por isso, o seguidor da vida simples não aceita um pastor para a sua vida. Pode ouvir argumentos, ler, pesquisar, mas criará sua própria religião e seguirá seu próprio caminho, pois sabe que para encontrar a harmonia e a felicidade dependerá, acima de tudo, de sua vontade e de sua fé em si mesmo e em seus princípios.

Coloque-se no lugar do dono

Vai longe o tempo em que se arrumava um emprego em uma grande empresa e já se estava com o futuro garantido. O mundo mudou, a economia mudou. Nenhuma empresa é tão sólida, e o mercado está fragmentado em pequenos e médios negócios. Os *experts* dizem que acabou a era da especialização, que você deve ser um polivalente, mas o que isso quer dizer? Que deve fazer projetos, prospectar novos clientes e cuidar da faxina? Não é bem isso. O que mudou é que não se deve mais encarar o trabalho de forma passiva. Não basta obedecer a ordens. É preciso participar. Pergunte-se, por exemplo, o que pode ser melhorado em sua área e como isso pode ser feito.

Ajude os seus sonhos

Há muitas desculpas às quais podemos recorrer para justificar o abandono de nossos sonhos. Talvez os outros acreditem, mas só você sabe que, se quisesse de verdade, teria alcançado até seus objetivos mais improváveis. A vida é uma só. Não se pode postergar os desejos para um tempo que não existe. O que você tiver de fazer, faça enquanto pode, enquanto tem saúde e energia para desfrutar do incomparável prazer que é dar vida a seus sonhos.

Somos o que comemos

Quem já comeu um bicho de goiaba sabe que ele tem gosto de goiaba. Também, pudera, ele só come goiaba. Nosso corpo é resultado direto do que ingerimos. Um repórter que passou um mês só se alimentando de hambúrgueres e refrigerantes quase não sobreviveu para contar a história. Mas nem era preciso tanto para provar os prejuízos de uma alimentação descuidada. Por todos os lados, vemos exemplos terríveis desses novos hábitos que tornaram o mundo mais obeso.

O homem passou milhões de anos se alimentando basicamente de comida crua, e ela lhe dava energia suficiente para suportar uma vida que exigia grande esforço físico. Depois, com a civilização, vieram os molhos, os doces, o *fast-food*, e o corpo humano se desequilibrou. Hoje, intoxicado por corantes e conservantes, seduzido por temperos fortes e com os sentidos anestesiados, esse homem já não consegue perceber o aroma e o sabor original dos alimentos que come. Ele se esqueceu de que frutas, cereais, verduras e legumes são vitais para ter um corpo saudável e bem disposto. Juntando mais um pouco de proteína animal (frango, peixes, ovos, queijos, leite), um copinho de vinho ou uma latinha de cerveja de vez em quando, e doses regulares de café ou chá, terá uma dieta saborosa — e barata — que poderá lhe proporcionar uma vida longa e ativa.

Só o necessário. Não desperdice

Se no mundo não houvesse tanto desperdício, não haveria tanta carência. Todos querem ter mais do que realmente precisam. Mais de uma casa, mais de um carro, mais roupas, mais alimento, mais e mais dinheiro para gastar. Queremos viver em abundância e acabamos acumulando muito mais do que podemos consumir.

Engaiolamos pássaros para que o seu canto seja só nosso, compramos quadros caros e os colocamos na parede para que só nós, ou nossos amigos, possamos vê-los; guardamos jóias, jogos de porcelana e faqueiros finos para serem usados em momentos especiais. Deixamos os melhores vinhos na adega, à espera de uma comemoração que nem sempre chega.

A cada mudança percebemos o quanto temos além do necessário. Roupas que não usamos, livros e revistas que nunca lemos (e nunca vamos ler), discos, fitas, CDs, raquetes de tênis, enfim, energia parada que teria vida nova nas mãos de outras pessoas.

O adepto da vida simples conserva apenas o que usa e o que é essencial e sente prazer em dar aos outros o que não lhe faz falta. No filme Dersu Uzala, o personagem principal, um nativo criado nas montanhas da Sibéria, resolve deixar uma parte de sua comida em uma cabana perdida na floresta. O oficial russo que o acompanha quer saber o porquê de tal atitude. Dersu explica que é para o caso de alguém se perder e encontrar a cabana. Não deixe de se perguntar o que você está deixando na cabana de sua vida para ajudar os outros.

Não tenha medo de ser minoria

Há pessoas que parecem aqueles peixinhos que se locomovem ao sabor de cardumes enormes. O grupo todo vai para um lado, opa, também vou! Agora é pra cima, é pra já! Ah, agora é pra baixo, lá vou eu! São pessoas que só se decidem por um candidato depois que as pesquisas comprovam a sua vitória; só viajam, se vestem, comem e se divertem seguindo a moda. Vivem, enfim, conforme o que se convencionou ser o mais adequado, pois têm um verdadeiro pavor de serem consideradas excêntricas ou, digamos, fora dos padrões de seu grupo social.

Se a unanimidade é realmente burra, como disse o dramaturgo Nelson Rodrigues, a opinião da maioria pode ser, no mínimo, contestada. O astrônomo polonês Nicolau Copérnico (1473-1543) despertou a ira da sociedade religiosa de sua época ao defender que não a Terra, mas o Sol era o centro do nosso sistema solar. O naturalista inglês Charles Darwin (1809-92) não foi menos odiado pela elite cultural de seu tempo ao anunciar que o ser humano descendia do macaco.

Como se vê, ainda menor do que uma simples minoria, uma única cabeça brilhante impulsionou mais a humanidade do que os previsíveis movimentos das multidões passivas. Portanto, não tenha receio de manifestar suas preferências e expor as suas idéias, mesmo que elas não sejam compartilhadas pela maioria.

Escolha sua profissão por amor

Muita gente escolhe seguir uma profissão depois de sondar o mercado e ouvir de especialistas, baseados na frieza dos números, quais atividades serão mais valorizadas no futuro. Porém, por mais aconselhável que seja fazer uma pesquisa antes, o que decide mesmo o sucesso profissional de alguém é o seu amor pelo que faz. Quem trabalha no que gosta não mede sacrifícios para fazer cada vez melhor, não vive reclamando do cansaço, do tempo perdido nem do salário.

Só uma satisfação que se renova a cada dia pode fazer alguém dedicar a vida inteira à mesma atividade com interesse, disciplina e criatividade, pois quem gosta do que faz está sempre buscando soluções para os obstáculos que surgem. E, por trabalhar com amor, acabará sendo bem-sucedido, qualquer que seja a profissão.

Abra o jogo e jogue limpo

A verdade não é apenas a base da ética. Ela é fundamental para um ambiente saudável e participativo. Não pode haver confiança, nem espírito de equipe, nem criatividade (pois essa se baseia em conhecimento prévio) em um ambiente onde prepondera a mentira ou o silêncio. Assim como um funcionário se sente mais respeitado e engajado na empresa ao ser informado de como ela anda das pernas, um filho tende a se tornar mais compreensivo com relação a dinheiro, por exemplo, quando fica sabendo quanto os pais ganham e quais são as despesas da casa.

As pessoas precisam conhecer os fatos e a situação em que estão inseridas para se programarem e se motivarem. Ninguém gosta de ficar na dúvida ou ser o último a saber. Quando um problema é partilhado entre várias pessoas, aumenta-se a possibilidade de que a solução seja encontrada.

Muitos empreendimentos foram salvos e prosperaram graças a um esforço extra dos empregados, que só se entregaram a ele porque — alertados por seus patrões — conheciam bem as circunstâncias e sabiam que sua participação era decisiva para a prosperidade. Assim, deixe claro o que você espera das pessoas e o que elas podem esperar de você.

Não alimente a rede do preconceito

O preconceito está na raiz dos grandes males da humanidade. É uma epidemia que se alastra por séculos e, quando pensamos que se foi, volta com toda a força, gerando violência e caos. O nome já diz tudo. Trata-se de uma idéia pré-concebida, uma aversão sem conhecimento de causa contra raças, credos, religiões, determinados tipos de pessoas, estilos artísticos, enfim, a quase tudo o que existe.

Livrar-se de toda essa carga de preconceitos que herdamos pode ser um trabalho longo e penoso, mas é essencial para quem quer se sentir em harmonia com o mundo que o cerca.

A cadeia de preconceitos que vem de nossos antepassados deve terminar em nós. Para isso, o único antídoto é o conhecimento. Quando se sabe, por exemplo, que os antigos egípcios — de pele escura e características negróides — já conheciam a astronomia quando os germanos, que deram origem aos alemães, ainda comiam carne crua, fica impossível acreditar em qualquer tese de supremacia racial.

Como ninguém consegue gostar de algo que não conhece, procure saber mais sobre os motivos dos preconceitos que você herdou. Leia, informe-se sobre as raças, religiões, estilos artísticos, movimentos políticos, minorias em geral... Prometa para si mesmo que só vai dizer que não gosta de algo depois de conhecê-lo melhor e ter uma opinião formada. Garanto que ficará surpreso com a nova visão que essa busca do conhecimento lhe dará.

Enxergue além do poder e da riqueza

Na sociedade do "ter" em que vivemos, poder e dinheiro são os potes de ouro no fim do arco-íris. Poucos de nós colocam-se fora dessa competição, e raríssimos não lançariam mão do prêmio, se ele lhes coubesse. Há pessoas tão concentradas nessa corrida que fazem de cada "amigo" um degrau da escada.

Quem consegue enxergar além do brilhareco da riqueza material escolhe os amigos pelo caráter, pela personalidade ou por aquilo que é indefinível em cada amigo e que talvez possa ser definido simplesmente como simpatia. Um adepto da vida simples pode até ter amigos ricos, mas certamente não se aproximou deles por serem ricos, e sim por terem algumas daquelas qualidades já citadas. A vida é uma só e não se pode perder tempo com pessoas fúteis, mesmo que endinheiradas.

Use a tevê como fonte de conhecimento

Entre a tevê e uma boa conversa, desligue a tevê. Entre a tevê e um jantar com a família, nem ouse ligá-la. Mas, quando a tevê não atrapalhar nenhum relacionamento humano, saiba tirar dela o melhor que ela oferece, que é a possibilidade de aumentar o seu conhecimento sobre os mais variados assuntos.

Hoje, a tevê nos abre um mundo de possibilidades. Com um número imenso de canais abertos e por assinatura, ela nos oferece desde programas apelativos de baixíssimo nível até ótimos documentários sobre temas relevantes e variados. Cabe a cada um escolher o que é melhor para si.

Os magnatas da televisão defendem que ela não tem qualquer obrigação de levar cultura ao povo, mas apenas diversão (o velho e bom circo). Os índices de audiência parecem comprovar isso, pois os programas mais assistidos são os mais pobres em informação de qualidade. Usam uma receita que mistura sensacionalismo, demagogia e populismo para atrair o maior número de pessoas.

Ora, se hoje você tem à sua disposição canais como Discovery Channel e National Geographic, que conseguiram transformar a ciência em algo divertido e atraente, expandindo nossa visão do mundo, da vida e do universo, por que continuar com o cérebro embotado diante de um constrangedor programa de auditório? Diversão pura? Ok, isso também faz parte e todos têm o direito de transgredir de vez em quando. Mas cuide para que a busca do conhecimento seja a sua prioridade ao ligar a tevê.

Faça algo radical: leia livros

Por mais que a tecnologia avance, ainda não se inventou um estímulo maior para o cérebro do que a simples leitura de um livro. Um bom romance, por exemplo, nos força a imaginar as paisagens, os ambientes, as personagens; enriquece nosso vocabulário e com isso nos ajuda a escrever e falar melhor, minimizando um dos maiores problemas do homem, que é a dificuldade de comunicação. Acima de tudo isso, a leitura relaxa e permite que as idéias se reorganizem. Faça algo radical: leia livros.

Sempre que possível, faça você mesmo

Pessoas que se recusam a fazer qualquer trabalho doméstico seguem um conceito enraizado na sociedade de que limpar, lavar, passar, cozinhar são tarefas inferiores. Enquanto em Países do Primeiro Mundo, como os Estados Unidos, moradias imensas são conservadas por seus próprios moradores, no Brasil — onde esse resquício dos tempos da escravidão é um luxo da classe média — até casinhas da periferia têm empregada. Todos querem chegar em casa e ter tudo limpo e arrumadinho, filhos de banho tomado e jantar à mesa. Ora, não há nada indigno no trabalho doméstico. Ao contrário. Ele dá uma sensação de poder e liberdade que só é sentida por quem tem certeza de que conseguirá sobreviver sozinho.

Vá em frente. Não espere pela permissão

A família, a escola e a igreja nos ensinam a ser obedientes, a seguir ordens. O bom filho, o aluno exemplar e o cordeirinho de Deus não fazem nada que não seja permitido. De tanto esperar o consentimento dos outros, perdemos a iniciativa. Quando crescemos, queremos escrever um livro, lançar um programa de rádio, compor uma canção, viajar para Paris, conhecer o Pantanal, navegar pelo Amazonas, mas ficamos esperando que um empresário nos patrocine, que alguém nos convide, que Deus permita...

Quem pensa simples não espera deferimento. Primeiro, acumula conhecimento necessário para trilhar seu caminho, depois planeja os passos a serem dados e, por fim, segue em frente. Assim agem aos verdadeiros empreendedores, como se tirassem energia do nada, confiantes de que sempre realizarão o que se propõem.

O que o planeta espera de nós

Não adianta fingir que o problema não é com você. O planeta está em uma encruzilhada, e nós, seres humanos, somos os responsáveis. Continuamos a poluir as águas, a destruir as florestas, a extinguir espécies animais e vegetais e a encher o ar de gás carbônico (CO_2) — o que acelera o efeito estufa, aumenta a temperatura, degela os pólos e as geleiras e subverte o clima na Terra, com efeitos catastróficos. Muitos, em vez de apoiarem, ainda veem como excêntricos ou oportunistas os movimentos ecológicos de proteção ao meio ambiente. Vivem como se os recursos continuassem inesgotáveis, tal qual viviam nossos antepassados. Outros adotam uma atitude ainda mais preocupante, pois têm consciência do futuro temerário que espera a humanidade, mas, como não viverão para sofrer as consequências, dão de ombros e mantêm os mesmos hábitos.

Quem optou por uma vida simples sabe que a vida humana na Terra está por um fio e faz o que pode para reverter isso. Evitar poluir e destruir a natureza é dar o exemplo que vale mais do que mil palavras. Contudo, palavras também servem para catequizar e atrair mais pessoas para uma causa que deveria ser de todos. Assim, quem sabe um dia os adeptos da vida simples não deixarão de ser a exceção para se transformar na regra? E nesse dia, não só nossas consciências, mas também a Terra estará salva.

EM FRASES, A SABEDORIA DA SIMPLICIDADE

Educação, verdade, humildade, dinheiro, fama, poder... O que faz parte e o que deve ser evitado em uma vida simples, nas frases de grandes personagens da humanidade e em provérbios populares:

"Não se encha de orgulho se for capaz de prover suas necessidades com poucos recursos. A primeira tarefa da pessoa que deseja viver sabiamente é libertar-se das limitações causadas pelo hábito de se ocupar demais consigo mesma. Reflita sobre a maneira como vivem os pobres, tão mais moderada do que a nossa, e sobre como eles suportam melhor as durezas da vida. Se você quiser desenvolver sua capacidade de viver uma vida simples, faça-o para si mesmo, com discrição, e não para impressionar os outros." (Epicteto)

"Começo a sentir a embriaguez a que essa vida agitada e tumultuada me condena. Com tal quantidade de objetos desfilando diante de meus olhos, vou ficando aturdido. De todas as coisas que me atraem, nenhuma toca o meu coração, embora todas juntas perturbem meus sentimentos de modo a fazer que eu esqueça o que sou e qual o meu lugar." (Jean-Jacques Rousseau)

"Recomende aos seus filhos moralidade; somente isso, e não dinheiro, poderá fazê-los felizes." (Ludwig van Beethoven)

"Cada dia a natureza produz o suficiente para nossa carência. Se cada um tomasse o que lhe fosse necessário, não haveria pobreza no mundo e ninguém morreria de fome." (Mahatma Ghandi)

"Se falo da natureza, não é porque saiba o que ela é. Mas porque a amo." (Fernando Pessoa)

"Nenhum homem é uma ilha, qualquer homem é uma parte do todo. A morte de qualquer homem me diminui, porque faço parte da humanidade." (John Donne)

"Um País, uma civilização pode ser julgada pela forma com que trata seus animais." (Mahatma Ghandi)

"Como defender uma civilização que somente o é de nome, já que representa o culto da brutalidade que existe em nós, o culto da matéria?" (Mahatma Ghandi)

"O primeiro passo para viver com sabedoria é renunciar à vaidade." (Epicteto)

"A vida merece algo além do aumento da sua velocidade." (Mahatma Ghandi)

"Há o suficiente no mundo para todas as necessidades humanas; não há o suficiente para a cobiça humana." (Mahatma Ghandi)

"Olhai os lírios do campo. Eles não tecem, nem fiam. E digo-vos que nem Salomão, em toda a sua glória, se vestiu como um deles." (Lucas 12, 27)

"Todas as minhas experiências me provaram que não existe outro deus a não ser a verdade." (Mahatma Ghandi)

"O capital em si não é mau; mas o mau uso dele transforma-o num mal." (Mahatma Ghandi)

"Quando começou a comprar almas, o diabo inventou a sociedade de consumo." (Millôr Fernandes)

"Um recém-nascido é a prova de que, apesar de tudo isso que fazem com ela, a natureza ainda não desistiu do ser humano." (Millôr Fernandes)

"Se o dinheiro é a sua esperança para independência, você nunca a terá. A única segurança real que um homem pode ter neste mundo é uma reserva de conhecimento, experiência e habilidade." (Henry Ford)

"Um negócio que não produz nada além de dinheiro é um negócio pobre." (Henry Ford)

"Digo que minha música vem da natureza, agora mais do que nunca. Amo as árvores, as pedras, os passarinhos. Acho medonho que a gente esteja contribuindo para destruir essas coisas." (Tom Jobim)

"Um país se faz com homens e livros." (Monteiro Lobato)

"Uma longa viagem começa com um único passo." (Lao-Tsé)

"Comece fazendo o que é necessário, depois o que é possível, e de repente você estará fazendo o impossível." (São Francisco de Assis)

"Eduque os meninos... e não será preciso castigar os homens." (Pitágoras de Samos)

"Ser homem é ser responsável. É sentir que colabora na construção do mundo." (Antoine de Saint-Exupéry)

"Se queremos um mundo de paz e de justiça, temos que pôr decididamente a inteligência a serviço do amor." (Antoine de Saint-Exupéry)

"Os homens compram tudo pronto nas lojas... Mas como não há lojas de amigos, os homens não têm amigos." (Antoine de Saint-Exupéry)

"A educação é a mais poderosa arma com a qual se pode mudar o mundo." (Nelson Mandela)

"Nada beneficiará mais a saúde da humanidade e aumentará as chances de sobrevivência da vida na Terra quanto a dieta vegetariana." (Albert Einstein)

"A palavra progresso não terá qualquer sentido enquanto houver crianças infelizes." (Albert Einstein)

"A melhor parte da vida de uma pessoa está nas suas amizades." (Abraham Lincoln)

"O dinheiro é o veículo da vaidade e o autor de servidões e desigualdades." (Adão Myszak)

"A civilização é o aperfeiçoamento do homem pela educação." (Adão Myszak)

"A felicidade não se encontra nos bens exteriores." (Aristóteles)

"Dinheiro é um negócio curioso. Quem não tem está louco para ter; quem tem está cheio de problemas por causa dele." (Ayrton Senna)

"Será que o Primeiro Mundo faz idéia de como vivem quatro bilhões dos seis bilhões de habitantes do planeta? Se estivéssemos conscientes, teríamos ajudado, teríamos nos envolvido." (Bill Gates)

"Aquele que protege sua mente da cobiça e da ira desfruta da verdadeira e duradoura paz." (Sakyamuni — Buda)

"Os tesouros do universo inteiro não podem se igualar ao valor de uma única vida humana." (Nitiren Daishonin — Buda)

"A fama é passageira. É como uma miragem ou luz de vaga-lume. Como Nitiren Daishonin diz, 'ser elogiado por tolos — essa é a maior vergonha'. A fama nada tem a ver com felicidade. Não estamos vivendo meramente pela popularidade ou fama, transitórias como a espuma sobre a água. Estamos avançando ao longo do supremo caminho de vida, que se levanta sobre todos os fenômenos efêmeros." (Daisaku Ikeda — Buda)

"Nós todos fazemos parte da grande família da humanidade e somos moradores em comum de uma imensa casa chamada Terra. Não há outra forma senão nos entendermos. Não há por que não chegarmos a um entendimento através de um sincero diálogo. Ao menos devemos nos esforçar e nos empenhar ao máximo para isso. Quem não se esforça nesse sentido demonstra uma grande arrogância em relação às pessoas. Além disso, na maioria das vezes, existe por trás disso um espírito covarde que tenta proteger a si mesmo." (Daisaku Ikeda — Buda)

"O homem que busca a fama, a riqueza e casos amorosos é como uma criança que lambe mel na lâmina de uma faca. Ao lamber e provar a doçura do mel, a criança corre o risco de ter a língua ferida. É como o tolo que carrega uma tocha contra o vento forte: corre o risco de ter o rosto e as mãos queimados." (Sakyamuni — Buda)

"O que você deixa para trás não é o que é gravado em monumentos de pedra, mas o que é tecido na vida de outros." (Péricles)

"A vida, para os desconfiados e os temerosos, não é vida, mas uma morte constante." (Juan Luis Vives)

"A vida é o filme que você vê através dos seus próprios olhos. Faz pouca diferença o que está acontecendo. É como você percebe que conta." (Denis Waitley)

"A vida é mais simples do que a gente pensa; basta aceitar o impossível, dispensar o indispensável e suportar o intolerável." (Kathleen Norris)

"Estar cheio de vida é respirar profundamente, mover-se livremente e sentir com intensidade." (Alexander Lowen)

"Eis um teste para saber se você terminou sua missão na Terra: se você está vivo, não terminou." (Richard Bach)

"Nunca deixo de ter em mente que o simples fato de existir já é divertido." (Katherine Hepburn)

"Não acrescente dias à sua vida, mas vida aos seus dias." (Harry Benjamin)

"Uma vida não questionada não merece ser vivida." (Platão)

"É possível mudar nossas vidas e a atitude daqueles que nos cercam simplesmente mudando a nós mesmos." (Rudolf Dreikurs)

"O que vale na vida não é o ponto de partida e sim a caminhada. Caminhando e semeando, no fim terás o que colher." (Cora Coralina)

"Não podemos escolher como vamos morrer. Ou quando. Podemos somente decidir como vamos viver." (Joan Baez)

"As coisas mais importantes na vida não são coisas." (Anthony J. D'Angelo)

"Eu gosto de viver. Já me senti ferozmente, desesperadamente, agudamente infeliz, dilacerada pelo sofrimento, mas através de tudo ainda sei, com absoluta certeza, que estar viva é sensacional." (Agatha Christie)

"As pessoas tiram da vida exatamente o que investiram nela." (Joy Adason)

"A vida se contrai e se expande proporcionalmente à coragem do indivíduo." (Anaïs Nin)

"Viver é a coisa mais rara do mundo. A maioria das pessoas apenas existe." (Oscar Wilde)

"Existem apenas duas maneiras de ver a vida. Uma é pensar que não existem milagres e a outra é que tudo é um milagre." (Albert Einstein)

"A vida se tornaria insuportável se não nos proporcionasse mudanças." (Joseph Murphy)

"Apenas uma guerra é permitida à espécie humana: a guerra contra a extinção." (Isaac Asimov)

"Um homem não pode fazer o certo numa área da vida enquanto está ocupado em fazer o errado em outra. A vida é um todo indivisível." (Mahatma Gandhi)

"Não há cura para o nascimento e a morte, a não ser usufruir o intervalo." (George Santayana)

"Se, apesar de tudo, os homens não conseguem fazer com que a história tenha significado, eles podem sempre agir de uma maneira que faça suas vidas terem um." (Albert Camus)

"E no final das contas não são os anos em sua vida que contam. É a vida nos seus anos." (Abraham Lincoln)

"Eu estou sempre renascendo. Cada nova manhã é o momento de recomeçar a viver. Há 80 anos eu começo meu dia da mesma maneira, e isso não significa uma rotina mecânica, mas sim algo essencial para a minha felicidade." (Pablo Casals)

"Acreditar é monótono, duvidar é apaixonante, manter-se alerta: eis a vida." (Oscar Wilde)

"Não reconheço nacionalidades nem fronteiras; meu compromisso é com a vida." (Antony Quinn)

"Todos nós estamos matriculados na escola da vida, onde o mestre é o tempo." (Cora Coralina)

"Viver é desenhar sem borracha." (Millôr Fernandes)

"Uma vida sem causa é uma vida sem efeito." (Barbarella)

"É um grande privilégio ter vivido uma vida difícil." (Indira Gandhi)

"É melhor morrer de pé que viver de joelhos." (Dolores Ibarruri)

"Dinheiro perdido, nada perdido; saúde perdida, muita coisa perdida; caráter perdido, tudo perdido." (Provérbio Chinês)

"Todas as flores do futuro estão nas sementes de hoje." (Provérbio Chinês)

"Nada assenta melhor ao corpo que o crescimento do espírito." (Provérbio Chinês)

"Se você quer manter limpa a sua cidade, comece varrendo diante de sua casa." (Provérbio Chinês)

"Um coração alegre faz tanto bem quanto os remédios." (Provérbio Japonês)

"Achaste mel, come o que te basta." (Provérbio Árabe)

"Uma mentira estraga mil verdades." (Provérbio Africano)

"É preferível ser dono de uma moeda do que escravo de duas." (Provérbio Grego)

"Mais vale um prato de verdura com amor do que um boi cevado com ódio." (Provérbio bíblico 15, 17)

"Quanto melhor é adquirir a sabedoria do que o ouro! E quanto mais excelente é escolher o entendimento do que a prata." (Provérbio bíblico 16,16)

"Se vives de acordo com as leis da natureza, nunca serás pobre; se vives de acordo com as opiniões alheias, nunca serás rico." (Sêneca)

"Dinheiro é como água do mar: quanto mais você toma, maior é sua sede. O mesmo se aplica à fama." (Arthur Schopenhauer)

"Ninguém consegue ganhar um milhão de dólares honestamente." (William Jennings Bryan)

"Atrás de toda grande fortuna tem algum crime." (Honoré de Balzac)

"Não posso perder tempo ganhando dinheiro." (Jean Louis Agassiz)

"As esplêndidas fortunas — como os ventos impetuosos — provocam grandes naufrágios." (Plutarco)

"Os maus vivem para comer e beber. Enquanto isso, os bons comem e bebem para viver." (Sócrates)

"Todas as formas de governo caem diante da necessidade por pão. Para o homem com uma família faminta, o pão passa em primeiro lugar — antes de seu sindicato, de sua pátria, de sua religião." (John L. Lewis, lider trabalhista norte-americano)

"A natureza delicia-se na comida mais simples. Todos os animais, exceto o homem, comem um só prato." (Joseph Addison)

"Quando a honra de um homem é inatacável, fica-lhe decente qualquer roupa que vista." (Hamassa)

"Quanto maiores somos em humildade, tanto mais próximos estamos da grandeza." (Rabindranath Tagore)

"Se os homens tivessem dentro da alma a humildade e a gratidão, viveriam em perfeita paz." (Vicente Espinel)

"Ser humilde com os superiores é uma obrigação, com os colegas, uma cortesia, com os inferiores, é uma nobreza." (Benjamin Franklin)

"A humildade é a única sabedoria verdadeira pela qual nós preparamos nossas mentes para todas as possíveis mudanças da vida." (George Arliss)

"O orgulho divide os homens; a humildade os une." (Henri Lacordaire)

"Sucede com frequência que os espíritos mais mesquinhos são os mais arrogantes e soberbos, assim como os espíritos mais generosos são os mais modestos e humildes." (René Descartes)

"O humilde não pode ser apanhado por nenhuma paixão, nem a ira pode molestá-lo, nem mesmo o desejo de glória." (São Boaventura)

"Estude a si mesmo, observando que o autoconhecimento traz humildade e que sem humildade é impossível ser feliz." (Allan Kardec)

"Há quem diga que todas as noites são de sonhos. Mas há também quem garanta que nem todas, só as de verão. No fundo, isso não tem importância. O que interessa mesmo não é a noite em si, são os sonhos. Sonhos que o homem sonha sempre, em todos os lugares, em todas as épocas do ano, dormindo ou acordado." (Shakespeare, *Sonhos de uma noite de verão*)

"O futuro pertence àqueles que acreditam na beleza de seus sonhos." (Elleanor Roosevelt)

"Só posso fazer uma coisa de cada vez, mas posso evitar fazer muitas coisas ao mesmo tempo." (Ashleigh Brilliant)

"Tudo tem seu tempo. Há um momento oportuno para cada coisa debaixo do céu: tempo de nascer e tempo de morrer; tempo de plantar e tempo de colher." (Eclesiastes 3,1-2)

"Beber a grandes tragos extingue a sede; beber em pequenos goles prolonga o prazer da bebida. Assim é também com relação ao prazer do amor. E com tudo o mais na vida." (Provérbio italiano)

"A arte é a contemplação; é o prazer do espírito que penetra a natureza e descobre que a natureza também tem alma." (Auguste Rodin)

"Meu desejo maior é ter em casa uma mulher razoável, um gato a passear entre meus livros e, a todo tempo, amigos. Sem tais prazeres eu não viveria." (Apollinaire)

"Muito pouco se padece na vida em comparação ao que se goza; aliás, não sendo assim, como se viveria?" (Marquês de Maricá)

"Muitas pessoas perdem as pequenas alegrias enquanto aguardam a grande felicidade." (Pearl S. Buck)

"As melhores e as mais belas coisas do mundo não podem ser vistas nem tocadas, apenas sentidas." (Hellen Keller)

"A grandeza não consiste em receber honras, mas em merecê-las." (Aristóteles)

"Ambiente limpo não é o que mais se limpa e sim o que menos se suja." (Chico Xavier)

"Não basta conquistar a sabedoria, é preciso usá-la." (Cícero)

"O dinheiro é valioso desde que saibamos desprezá-lo." (Barão de Montesquieu)

"Escolha o trabalho de que gostas e não terás de trabalhar um único dia em tua vida." (Confúcio)

"A melhor maneira de se ser feliz é contribuir para a felicidade dos outros." (Confúcio)

"Algum dinheiro evita preocupações; muito, as atrai." (Confúcio)

"Perguntas-me por que compro arroz e flores? Compro arroz para viver e flores para ter algo pelo que viver." (Confúcio)

A ESCOLHA É SUA

Sim, este livro quer convencer você a levar uma vida simples. Por quê? Ora, porque é bom para você, para a humanidade, para o planeta.

Bom em quê? Bem, se você morar em um lugar menor, mais perto do seu trabalho, tiver um carro menor, fizer mais exercícios, andar mais a pé e valorizar as atividades culturais e os contatos com os amigos, então também precisará de menos dinheiro, poluirá menos e terá mais tempo para fazer as coisas de que mais gosta, como namorar, cantar, desenhar, escrever, cozinhar, tocar, pintar, enfim, desenvolver seus potenciais.

Não é preciso seguir o que dizem para você fazer. Não é preciso sair correndo para dirigir, comer, vestir, ver e amar aquilo que a tevê anuncia. Muito menos viver por isso, gastar horas, dias e anos de sua vida para ter alguma coisa. A semente de tudo que é essencial para viver bem já está dentro de você. Regue. Alimente. Cuide.

Ok, é preciso um teto, comida, roupas, livros e outras coisas que só podem ser obtidas com algum capital, mas não é preciso vender a alma para isso. Respire fundo. Relaxe. Nada verdadeiramente o obriga a ficar rico e deixar uma herança milionária para seus herdeiros. Trabalhe e ganhe dinheiro para viver, não o contrário.

Mas — você poderá perguntar — e se eu adoro meu trabalho, não me importo em me dedicar tanto a ele e me sinto feliz, pois tenho um salário alto e sonhos que só o dinheiro pode realizar?

Então, está bem. Enquanto tudo o que fizer tiver consequências apenas para você, não haverá nada a contestar. Porém vivemos em uma sociedade, não se esqueça disso. Moramos em um mundo redondo, um moto-perpétuo sem começo nem fim. Nossas atitudes influem em quem está em torno de nós e vice-versa.

Dessa forma, antes de comprometer dias e noites, feriados e fins de semana com o trabalho, ou a vontade de ter, certifique-se de que seu estilo de vida não está afetando as pessoas à sua volta.

Já perguntou aos seus filhos, por exemplo, se eles preferem que você fique tanto tempo longe de casa para lhes dar mais conforto, ou se o tipo de conforto que eles preferem é a sua presença? Já quis saber, do seu homem ou da sua mulher, que tipo de pessoa eles amam em você?

A humanidade chegou a uma encruzilhada. Alcançou o limite do crescimento econômico, ao menos como o conhecemos até agora, e percebeu que se distanciou da felicidade. Insistir nos métodos que estão ferindo o planeta é condenar nossa espécie a um final triste.

Como dizem os adeptos da simplicidade voluntária, para encontrar uma saída é preciso adotar urgentemente os três "P" (Pouco, Pequeno, Perto) e os seis "R" (Reduzir, Reutilizar, Recuperar, Reciclar, Refletir, Repartir).

O desafio é possível de ser vencido, pois não precisamos de nenhum adereço material, social ou psicológico, não há necessidade de extravagâncias ou artifícios para compor o que realmente somos. Devemos apenas aprender a viver com o que há em nossa essência, e a vida simples, naturalmente, nos ensinará isso.

Odir Cunha

REFERÊNCIAS BIBLIOGRÁFICAS

AXT, Bárbara; SOALHEIRO, Bárbara O Mundo com petróleo. E se... o petróleo acabar? *Superinteressante*. São Paulo, edição 219, nov. 2005.

CUNHA, Odir. *Dinheiro, é possível ser feliz sem ele*. São Paulo: Elevação, 2001.

______. *Os Bichos Ensinam*. São Paulo: Códex, 2005.

DOMINGUEZ, Joe; ROBIN, Vicki. *Dinheiro e Vida*. São Paulo: Pensamento-Cultrix, 2007.

ELGIN, Duane. *Simplicidade Voluntária*. Pensamento-Cultrix. 1998.

Entrevista com Kenneth Cooper. *Revista Veja*. São Paulo, edição 1.788, fev. 2003.

Entrevista com Jeffrey Sachs. *Revista IstoÉ*. São Paulo, dez. 2006.

Casa Mínima, revista *Vida Simples*. São Paulo, edição 67, jun. 2008.

GEORGESCU-ROEGEN, Nicholas. *The Entropy Law and the Economic Process*, 1971.

O retorno de Malthus. *Revista História Viva*, edição 55, maio 2008.

Outras revistas: Arquitetura & Construção, Época, Você/SA, IstoÉ Dinheiro.

SACHS, Jeffrey. *O fim da pobreza*. São Paulo: Companhia das Letras, 2005.

Folha de São Paulo, O Estado de São Paulo, O Globo, Le Monde, Financial Times, Der Spiegel, The New York Times, Le Monde Diplomatique Brasil.

Sites

UOL News, Planeta Sustentável, Terra, Folha Online, The Powerful Brands, Vya Estelar, Portal da Reciclagem, Cuidar do Ser, Banco Central do Brasil, Webcalc, Carbono Neutro.

OBRAS DE ODIR CUNHA

Viva simples é o décimo terceiro livro do escritor e jornalista paulistano Odir Cunha, que, entre outros, escreveu também:

Dinheiro, é possível ser feliz sem ele, Editora Elevação, 2001.

Time dos Sonhos, a história completa do Santos FC, Editora Códex, 2003.

Os Bichos Ensinam, Editora Códex, 2005.

Heróis da América, Editora Planeta, 2007.

Donos da Terra, Realejo Livros, 2007.

Sonhos mais que possíveis, Editora Planeta, 2008.

O barqueiro de Paraty, Editora Mundo Editorial, 2008.

Impressão e acabamento
Imprensa da Fé